"智慧海洋"出版计划

Qingdao, A Famous Marine City of China

中国海洋名城

青岛

青岛海洋科普联盟　编

朱　雄　丁剑玲　主编

文稿编撰　王磊珂　郎　玲

图片统筹　陈　龙

中国海洋大学出版社

青岛

编创团队

序

海洋，是生命起源的摇篮，是人类可持续发展的资源宝库。21 世纪作为"海洋世纪"，海洋的重要性更加突出。海洋是高质量发展战略要地，海洋人文、海洋科技在社会经济发展中的战略地位日益突显，在解决一些全球性问题中扮演着愈来愈重要的角色。

青岛依海而生，向海而兴。海洋是青岛得天独厚的优势，也是青岛引以为傲的资源。作为中国海洋名城，青岛在海洋强国、海洋强省建设中有着重要地位。青岛不断挖掘积淀底蕴深厚的海洋文化，增强海洋文化自信，为海洋强国战略提供精神支撑；不断集合国内顶级海洋科教机构，发展多种海洋产业，搭建科研平台，取得了丰富的海洋创新科技成果，为海洋强国战略的实施提供了科技新动能。国家沿海重要中心城市、国际性港口城市、国家重要的现代海洋产业发展先行区、东北亚国际航运枢纽、"一带一路"新亚欧大陆桥经济走廊主要节点城市和海上合作战略支点等海洋领域定位，让青岛始终保持着旺盛的发展活力，必将迎来新的发展机遇。

为彰显青岛海洋人文特色、展现青岛科技发展风貌，青岛市科学技术协会牵头组织，青岛海洋科普联盟编写出版《中国海洋名城——青岛》一书。

本书以图文并茂的方式，向读者介绍了青岛形成海洋文明优越的地理位置、悠长的历史文化发展脉络、别具风情的海洋民俗，还介绍了众多海洋科教机构及海洋科普的开展情况、支撑海洋事业发展的海洋科技、助推蓝色经济发展的海洋产业，最后介绍了海洋发展战略、海洋生态文明建设、国际港口建设等深入谋划海洋发展、打造国际海洋名城的举措与进展。

期望通过这一系列系统而又生动的讲解，让更多的读者在青岛深厚的海洋文明底蕴与多彩的海洋民俗信仰中，树立海洋文化自觉与自信，增强民族自豪感，以更高的热情畅游海洋世界、投身海洋探索；期望更多科研人员将云集的海洋科教机构与发展迅速的海洋产业作为基础，助力海洋开发、海洋利用、海洋保护，以更加突出的专业优势，点燃科技创新之光、照亮海洋强国梦想；也期望《中国海洋名城——青岛》一书的出版，能够促进全社会关心海洋、认识海洋、经略海洋氛围的进一步形成，吸引更多的人投身到前沿海洋科技知识的科普工作中，以全民的力量共同蓄势蓝色跨越，助力青岛早日成为国际海洋名城！

中国工程院院士
中国海洋大学副校长

目　录

篇一

沧海桑田 渲染蓝色底蕴

红瓦绿树，碧海蓝天，青岛素有"东方瑞士"之称，处处都能看到大海的影子。青岛先民自古以来生活在滨海地区，靠海吃海。他们的思想观念具有浓厚的海洋色彩，开拓进取、勇于挑战的精神已经融入了他们的日常生活当中。新石器时代至西周时期，今天的青岛地区主要是东夷人的聚居地。春秋时期，即墨逐渐发展成为东方滨海重镇；战国时期，更是齐地名城。19世纪末青岛开埠以后，青岛的港口、建筑、工商业、海洋文学艺术、海洋科技、海洋教育等都得到了快速发展。海洋渲染了青岛这座城市深厚的"蓝色底蕴"，始终伴随着青岛这座城市的诞生、发展与繁荣。

黄海明珠 山海滨城

青岛坐落于陆海一体化的山东半岛，彰显着自然与人文的共同诗意。山海延绵，城在山海之间，是黄海明珠——青岛最大的特色。崂山、胶州湾是青岛的两大地标：崂山成就了青岛，是青岛文脉发展、传承的精神之源；胶州湾孕育了青岛，是青岛的"母亲湾"。山、海、城三美并举的独特魅力使青岛于2007年入选世界最美海湾城市，并多次当选中国最佳休闲城市。古代历史文化与近代多元文化的碰撞与交融，形成了青岛汇通古今、融合中西的城市韵味。

山、海、城
与青岛海洋文化特质的形成

每座城市都有自己的独特风格和内在精神，这种风格和精神既来源于城市独有的自然地理环境，也来源于城市居民的个性特征。青岛的独特性在于其山、海、城与文化的完美交融，在这里，从异域风格的建筑群到文化学者故居区，再到山、海、城共生的秀丽景色，形成了融会中外、兼备自然与人文内涵的青岛特色。

山在海边，海在城边，城依山势。青岛享受着大自然所赐予的山海气蕴，吸纳着山光海色。所谓"春有百花秋有月，夏有凉风冬有雪"，怡人的气候十分适宜居住。

青岛三面环海，大海就像母亲，环抱滋养着这片土地；海在青岛人眼中，被赋予了太多的意义，寄托了太多的情感；有了海，才有了生动完整的青岛和青岛人。

青岛就像一个蓝色的精灵，蓝色是其文化底色，如大海般兼具深沉与灵动。她没有北京、南京、西安的"皇城"气派，也没有苏州江南式园林的典雅，但却有着自己独特的风情。碧海蓝天，红瓦绿树，俨然是一幅不需要雕琢的美丽画卷。

近海鱼儿跳跃，海鸥低飞，更彰显了这座山海新城的勃勃生机。20世纪30年代，《青岛指南》上曾载有这样的诗句："烟水苍茫月色迷，渔舟晚泊栈桥西。乘凉每至黄昏后，人倚栏杆水拍堤。"描述的正是栈桥的迷人景色。青岛的海之所以多情、浪漫，有韵味、有魅力，使人浮想联翩、流连忘返，是因为青岛的海更贴近城市，更趋于自然，更有亲和力。大海对青岛人来说，不是一片单纯的水，而是生活中不可缺少的一部分。

栈桥观海鸥

这个城市依山傍海、随形就势的布局，典雅的自然气质，以及温润如玉的居住环境，使居住在青岛的人们能过着惬意的生活。梁实秋先生曾说："（青岛）到处是红瓦的楼房点缀在葱茏的绿树中间，而且三面临海，形势天成……青岛的天气冬暖夏凉，风光旖旎，而人情尤为淳厚。"

海洋孕育了青岛，既有了便利的舟楫，又有了美味的海鲜。海洋是青岛文化的摇篮，是青岛的符号和灵气所在。傍海而建、因海而兴的青岛之所以充满活力、尽显包容与开放的胸襟，既与近代以来青岛开埠的特殊性密切相关，又是海洋文化的特质使然。

八大关花石楼

千难万难不离崂山

"巨石巍峨，群峰峭拔，真洞天福地一方之胜境也。"崂山距青岛市中心约40千米，位于山东半岛南部的黄海之滨，崂山东、南两面临海，西面毗邻青岛市城区，自南而北分别为崂山区、李沧区、城阳区，北部与即墨区相邻。

在历史上，秦始皇游过崂山，诗人李白写过关于崂山的诗篇《寄王屋山人孟大融》，"我昔东海上，劳山餐紫霞"，张三丰、丘处机在崂山修炼过，蒲松龄更是留下了千古佳作《劳山道士》和《香玉》。崂山是青岛群山之首，也是我国"海上名山第一"，有着"太山虽云高，不如东海劳"的美誉。

"海上名山第一 崂山"

"靠山吃山""千难万难不离崂山"，这是崂山人常挂在嘴边的两句谚语，道出了青岛人与崂山的紧密关系。"千难万难不离崂山"相传为明清时期崂山人胡峄阳所言。如今，在胡峄阳文化园的胡公祠内，还有一副对联："儒也为儒，仙也为仙，精神与墨水同长；欹而不欹，乱而不乱，唯居之崂山最稳。"崂山在青岛人眼中是有福之地，占据天时地利人和。崂山气候适宜、自然景观优美，渔盐资源丰富，并非兵家必争之地，更重要的是民风古朴，如同桃花源一般。"千难万难不离崂山"不仅是充满诗意的谚语，更是这里人们的真实生活写照，流露的是淡泊、安逸和自足。

胡公祠

崂山气势雄伟，自古以来以奇、秀、灵、怪闻名天下，被称为"神窟仙宅""灵异之府"，深受帝王将相的推崇，更得文人雅士、名道高僧的喜爱。崂山独特的山海风光与其地貌的形成有着密切的关系。崂山地貌主要分为上下两层，上层为海拔近1000米的山峰，犬牙交错，于一万多年以前的末次冰期形成；下层的花岗岩地貌，多是近一万年来冰后期形成。斑驳的花岗岩整体及剥落的球形岩石等形成了崂山特色的剑锋千仞，山峦巍峨，奇石怪岩遍布的地貌形态。同时，崂山靠近海洋，海洋对崂山气候调节作用十分明显，表现出典型的海洋性气候特征，昼夜温差小，气候十分宜人。

崂山奇石

水无山不雄，山无水不秀。崂山里的清泉、河流十分著名，很有特色。神水泉、圣水泉、金液泉、天乙泉等清泉独具神韵，崂山内有白沙河、南九水河、流清河等河流。

"崂山之水天上来"，此话不无道理。发源于巨峰北侧、山涧巨石之下的天乙泉又称为"原泉"，位于海拔 1000 米以上的高峰，居高临下，水涌如柱，极为少见，是崂山地势最高的名泉。为什么称其为"原泉"呢？一是因为其地势高，是崂山最高的泉；二是因为一个传说。相传古代崂山上没有泉水可用，人们饱受干旱之苦。山下住着李姓三兄弟，他们历经千辛万苦，用开山神斧劈山凿岭，终于为山人们找到一个取之不尽的大泉眼。从此，山上的树木四季常青，山底下的人们也过上了丰衣足食的日子。后世子孙为了记住李家三兄弟的功德，将此泉命名为"原泉"。除了众多的泉水外，崂山拥有众多的河流，发源于巨峰的白沙河最长达 33 千米，经九水流入胶州湾。一条条河流越涧穿峡，一座座水库恰如高峡出平湖，碧波荡漾，众多的涧流溪水，构成了一幅幅秀丽的山水画卷，为崂山添色增彩。

原泉

大海不仅改变了崂山的气候，也为崂山带来了独特的自然景观。海浪的侵蚀使崂山附近的海湾形成了众多的海蚀地貌，其中以"石老人"最为著名。在崂山脚下的石老人公园旁，离岸边 100 米处有一座 17 米高的石柱，从远处看，十分像一位老人坐在碧波之中，那便是"石老人"。

崂山不仅山海风光闻名天下，它的宗教文化同样源远流长，是有名的"海上仙山"。崂山是道教的发祥地之一，先秦时期就是方士聚集之地，有众多的高道仙师在此修身养性、谈玄论道。据史料记载，崂山自春秋时期就云集了一批长期从事养生修身的方士之流，到战国后期，崂山已成为享誉全国的"东海名山"。在汉朝，有一个叫张廉夫的人在崂山搭茅庵供奉三宫，并授徒拜祭，奠定了崂山道教的基础。唐朝的罗浮山道士李哲玄来崂山太清宫建三皇殿，供奉伏羲、神农和轩辕。宋朝初期，崂山道士刘若拙得宋太祖敕封为"华盖真人"。金章宗昌明六年（1195 年），全真七子来到崂山。成吉思汗敕封丘处机为"神仙"，并赐以金虎符令掌管天下教事以后，崂山道教的发展进入了全盛时期。到了明代，崂山道教的"龙门派"中衍生出三派，使得教派总数达到 10 个。至清代中期，道教宫观多达近百处，有"九宫八观七十二庵"之说，道教文化兴盛可见一斑。

崂山太清宫

少海连樯与青岛"母亲湾"

胶州湾，是山东半岛中南部的半封闭海湾，也是青岛的母亲湾。没有胶州湾，就没有历史上环胶州湾的人文社会发展和今天的青岛市。胶州湾古时称谓很多，曾被称为"少海"，元代有"南海"之称，明清两代开始称呼为"胶海""胶州澳""胶澳"。随着1898年中德《胶澳租借条约》签订，"胶澳"成为以胶州湾为中心海域，以环胶州湾海岸带和青岛半岛为陆域的固定海陆区域。其后虽几经沧桑，但青岛市依然以这一海陆区域为中心区域。

胶州湾观日落

环胶州湾地区自古以来就是青岛民众活动的中心区域，一系列考古发掘为我们揭示了这里的先民们早期在环胶州湾地区的生活情景。在胶州湾畔西北岸的胶州三里河，因考古发现了"三里河遗址"而闻名。20世纪50年代末，山东大学历史系教授韩连琪偶然发现了清代山东著名画家高凤翰的一幅水墨画，画上有高凤翰的题诗："介子城边老瓦窑，田夫掘出说前朝。老翁拾来插莲供，结得莲房碗大饶。"从画和诗句推测，高凤翰的家乡胶州可能存在着一处古代的文化遗址。此后经过现场的勘探与考察，果真有重大发现。

1974年和1975年，中国社会科学院考古研究所山东队和潍坊地区艺术馆两次对胶州三里河进行考古发掘，并取得了重大成果，由中国社会科学院考古研究所编撰的《胶县三里河》于1988年由文物出版社出版。通过《胶县三里河》考古成果的梳理发现，胶州三里河遗址分为明显的上、下两层，上层为龙山文化，下层为大汶口文化。这既是一处沿海地区古老的农业原始文化，也是一处具有滨海特色的新石器文化遗址。胶州三里河遗址为我们展示了青岛在新石器时代农业文化和海洋文化并存的场景。遗址中出土了碳化的黍和粟，还发现了大量储存粮食的窖穴，表明此时的农业生产已经比较发达，有了较多的剩余粮食储存。在遗址中还发现了掩埋完整的五头幼猪，说明家畜饲养也比较普遍。石器、骨角牙器、蚌器、陶器等大量出土，同时也出土了少量的玉器，反映出手工技艺已达到了一定的水平。

三里河遗址

此时的胶州三里河先民，与海洋的关系更为密切。在遗址中出土了大量的鱼骨、鱼鳞堆积物。经过中国科学院海洋研究所鉴定确认，鱼骨和鱼鳞中有鳓鱼、梭鱼、黑鲷、蓝点马鲛（鲅鱼）等。从出土的鱼骨数量可以推知，当时的捕鱼量是很大的。当时的三里河人砍倒周围的树木，"刳木为舟，剡木为楫"。他们可能驾驶着这样的独木舟到外海去捕捞，对海洋已经有了初步的认识，既能捕捞到浅海水域内的梭鱼、黑鲷等鱼类，还能捕捞到游泳迅速的鳓鱼和蓝点马鲛，这也说明当时的造船航海技术已经具有一定的水平。虽然在三里河遗址当中未发现独木舟、木桨等实物，但我们不能否认他们有这样的造船、航海能力。大汶口文化时期的三里河人，即便不是最早驾驶着带帆的独木舟去闯荡大海的打鱼人，也应当属于早期闯荡大海的先民群体之一。

三里河遗址出土的狗形陶鬶（guī）

到了先秦时期，这里是齐国重要的"海洋经济区"之一，胶州湾外口沿岸考古发现的齐国"陈氏三量"，表明当时这里已经是一重要港口"都会"。秦代，这一带是秦始皇三度巡海驾幸之地。汉代，这一带是皇家封国之地，汉武帝刘彻少时在此封国为胶东王，后登基为汉武帝，更是多次巡海驾幸此地。唐代，朝廷在胶州湾畔置板桥镇，同样显示出此地政治、经济和军事的重要性。宋哲宗元祐二年（1087年）在板桥镇设置掌管航船和贸易、接待和管理海外事务的密州市舶司，成为宋代长江以北唯一的国家对外开放港口。元代开凿了连接胶州湾和莱州湾的胶莱运河，曾经大大方便了国家南北大海运，漕船载米可从黄海直入胶州湾，贯通胶莱运河，入渤海直达大沽口，转输京师。明清时环胶州湾各港口商埠建起的天妃、天后宫，香火缭绕，庙会不断，彰显着胶州湾人文社会与文化的繁荣。直到晚清时，胶州湾南端口外东侧的青岛口，"百物鳞集，千艘云屯"，天后宫庙会人山人海，天后宫戏台上丝竹管弦不断，娱神娱人，热闹非凡。数千年来，人们依托胶州湾的优越自然条件，以湾兴港，以港兴市，创造了可歌可泣的历史，留下了丰富多彩、无可替代、不应泯灭的历史文化资源，可以说，胶州湾哺育了青岛人民，创造了灿烂辉煌的历史文化，是青岛名副其实的"母亲湾"。

齐国"陈氏三量"

中国海洋名城——青岛

齐地名城　古韵悠长

从城市文化的建构来看，青岛城市的历史可以追溯至6000年前的即墨北阡文化遗址，那时就已经有人定居于今青岛地区，并形成聚落，这可以说是城市文化之源头。新石器时代至西周时期，先民们在此创造出了具有海洋特色的东夷文化。春秋战国时期，青岛作为齐地著名的"海洋都邑"，以琅琊地区为中心开展了一系列的海上活动。明清时期，青岛更是国家海防重镇，承担着海洋防御的功能。

青岛历史文化发展脉络

历史上，青岛辖域归属几经变化。新石器时代属东夷部族。在史前及夏商时期的青岛辖域属莱夷之地，西周时代属夷国，春秋初期分别为介国、夷国、莱国等国的属地。春秋战国时期归齐国所辖，齐桓公时修筑长达千余里的长城，青岛境内至今还残存有数段齐长城遗址。此间，今青岛地区的琅琊、即墨等城邑迅速崛起，成为齐国东方的经济、文化中心。春秋末年，中国历史上第一次海战就发生在琅琊海域。战国时期，田单以火牛阵击败燕国，光复齐国的故事也发生在即墨故城（今山东平度古岘镇大朱村一带）。秦始皇统一中国后，分天下为三十六郡，今青岛地区属琅琊郡，郡治即在今黄岛区琅琊镇，是秦朝唯一的滨海郡城，同时也是当时的主要港口城市。

秦始皇东巡琅琊台雕塑

秦始皇曾三次巡幸琅琊郡，在此修筑琅琊台。著名方士徐福于此上书秦始皇，东渡航海求仙，琅琊因此也成为中国航海文化的发源地和航海中心。秦汉之交，田横自立为王。刘邦建立汉朝之初，退守在海中孤岛的田横部下五百壮士闻知田横死讯，皆自尽以守节，至今田横岛上仍有五百义士的合葬墓。西汉时期，今青岛地区设置了胶东国（胶东郡）、琅琊郡。汉武帝曾多次巡幸琅琊，留下了众多文化遗产。汉武帝建元元年

（前140年），张廉夫自江西来崂山修道，在太清湾畔结庐为庵，成为崂山道教的开山始祖。东汉末年，经学家郑玄在崂山的不其山下建康成书院，著书授徒，至今仍留有书院等多处遗址。晋代，高僧法显赴天竺取经，取海路东归，遇风在海上漂泊数月，后在崂山登岸，于不其城译经。唐宋以后，以胶州湾内板桥镇及港口为中心的胶州湾地区再度兴起，成为中国北方唯一的对外港口和海上贸易中心。与此同时，崂山道教发展迅速，尤其是金元时期，为崂山全真道教的鼎盛时期，宫观庙宇遍及全山。

崂山道观

明清时期，青岛成为重要的海防要地，留下了众多的海防遗址、遗迹。鳌山卫、灵山卫、雄崖所、浮山所、夏河所许多具有海防特色的地名也保留至今。明成化年间（1465—1487年），青岛始建了第一座天后宫。明万历年间（1573—1620年），青岛已成为南北海上贸易港口，南来北往停靠于此的船只也日渐增多。辉煌灿烂的历史留下了极其丰富的文物古迹，在青岛分布有中国现存最早的齐长城遗址、田单破燕的即墨故城遗址、秦始皇多次登临的琅琊台遗址、北魏年间的平度天柱山石刻、崂山道教文物建筑群等文物古迹，形成了青岛底蕴深厚、内涵丰富的历史文化遗产，展现了青岛古韵悠长的历史。

齐长城遗址

先秦及秦汉海洋活动中心 琅琊郡

琅琊台位于青岛西海岸新区东南海滨，是著名的文化遗址，是齐国及秦汉时期海洋活动的中心。琅琊台西北为秦汉时期琅琊郡城遗址，南为被誉为古代中国良港的琅琊古港。中国历史上著名的齐吴海战，秦始皇三登琅琊台、筑台刻石，徐福渡海求仙，汉武帝七巡东海求仙人等故事就发生于此。

琅琊历史悠久，文化灿烂，拥有丰富的历史人文资源和自然景观，自古以来就是齐地东方经济、文化、航海活动的中心地区。琅琊之名最早见于历史是春秋早期齐桓公之时。《管子》记载："齐桓公将东游，南至琅邪。"另外还有齐景公与晏子游少海的故事，据传少海即为胶州湾。早在春秋时期，琅琊已经是齐国主要港口和中心城邑，同时也是齐国水军的主要基地。公元前485年，强大的吴国水军从海上进攻齐国，在琅琊附近海域遭到齐国水军攻击，爆发了中国历史上第一次海战。结果吴国水军大败，被迫退回吴地。越王勾践在灭吴后的第二年，迁都琅琊，并筑琅琊台。进入春秋后期，琅琊经济、文化更加繁荣发达，成为著名的富饶之地。这既得益于早年管仲在齐国推行的"通商工之业，便鱼盐之利"的经济政策，也得益于这一地区长期和平稳定的环境。

秦始皇于琅琊立刻石雕塑

秦汉时期大规模的航海求仙活动是人类航海史的奇迹，也是东方海上丝绸之路的开端。据说秦始皇第一次到琅琊时，一直在琅琊活动的方士徐福就给皇帝上书，说海中有三座神山，一直渴望长生不老的秦始皇就相信了徐福的话，让徐福入海求仙。

徐福遂以琅琊为基地，建造船只，开启"徐福东渡"之旅。徐福东渡之事因无明确的考古物证，其东渡抵达地点也一直成为史学界长期争论的焦点，给徐福东渡航海活动蒙上了一层神秘的面纱。

从当时的航海技术来看，徐福东渡最

有可能的路线如下：从山东半岛的琅琊港起航之后，先后经过灵山湾和胶州湾，再循海岸线向东北航行到达山东半岛东端的成山头，然后继续向西行驶，沿着山东半岛北岸来到芝罘。下一段航行则可能是由芝罘沿着山东半岛北岸到达蓬莱，再从蓬莱经庙岛群岛渡渤海海峡，到达辽东半岛南端的老铁山。然后，沿着海岸线东航抵达鸭绿江口，再沿着西朝鲜湾南下到朝鲜半岛东南部海岸。随后再从这里出发，借北风扬帆向西南航行，过朝鲜海峡西水道至对马岛，而后抵达日本九州海岸。

徐福东渡模拟场景

20 世纪 80 年代后期，日本九州佐贺县吉野里发现了一处弥生时代（前 300—250 年）早期的大型环壕聚落遗址，发现了一些珍贵的文物，有铜铎、铜镜、铜剑、玉管等。考古专家认为，吉野里遗址出土的这些文物与中国同时期的此类文物有着密切的关系，它们应该是从中国输入日本的，或者是由去日本的中国匠人制作的。这或为徐福远航东渡最后到达日本提供了考古依据。"徐福东渡"作为对中国历史产生了重大影响的事件，是早期中国人民认识世界、走向海外、推动中华文化海外传播的一次成功尝试，对朝鲜半岛和日本列岛产生了深刻的影响。

琅琊刻石亭

明清海防卫海疆

元末明初，山东地区频遭倭寇侵扰，沿海居民多受其害，苦不堪言。据记载，明朝洪武二年（1369 年），倭寇侵略山东沿海，洪武三年（1370 年）继续侵略山东，之后一直向南侵略到福建沿岸，到洪武四年（1371 年）又进犯胶州，抓捕沿海的居民。据统计，仅洪武年间倭寇入侵山东就达九次之多。

倭寇为什么这么频繁地入侵山东呢？这与历史上山东半岛与日本、朝鲜之间悠久的交往历史与便捷的海陆交通密不可分。山东半岛三面环海，与辽东半岛互为渤海门户，与朝鲜半岛、日本列岛隔海相望，渡黄海、渤海可直抵山东半岛的登莱。倭寇入侵时常常是借助东南风自朝鲜西海岸进入山东半岛，他们人数众多，掠夺人口和财物后便乘船遁去，给山东沿海人民的生命财产安全造成极大的损害。

洪武元年（1368 年）四月，朱元璋设山东行中书省，洪武九年（1376 年）改为山东承宣布政使司。明代山东青岛地区隶属莱州府，莱州府下辖掖县、平度州、胶州。其中，掖县，平度州的潍县、昌邑县，胶州及其下辖的即墨县临海，莱州府的海疆地位显得十分重要。

面对倭寇给新生政权带来的威胁，明朝廷采取了一系列的措施来保护沿海民众的生命安全，采取各种措施来加强海防建设：一是在沿海地区普遍设立卫所；二是组建舟师，派舟师出海巡航；三是厉行海禁，禁滨海之民私通外国。这些措施的执行有效地防御了倭寇对山东沿海地区的侵扰。

在今天青岛的沿海地区，还保留着一些很有特色的地名，如鳌山卫、灵山卫、浮山所、夏河寨、雄崖所，这些看似与现代城市格格不入的地名，却是青岛古代海防历史的重要见证。这些卫所是明代为保卫海疆、抗击倭寇而设立的海防军事机构，与明代的卫所制度密不可分。

雄崖所

卫所制是明代基本军制，在沿海、内陆、边地均设卫所。沿海卫所因其特殊性，配备的职官比内陆要多，如鳌山卫指挥使有3名，指挥同知5名，指挥佥事8名，千户6名。卫所的设立、海防工事的修建和配套设施的完善，使得明代时期的今青岛地区除了建立起两卫五所的海防建制外，还拥有众多的炮台、烟墩、战船等。自此，青岛沿海一带已经形成了较为完备的海防体系，有效地维护了青岛地区的海疆稳定，筑起了青岛地区的"海防长城"，同时卫所所在地逐渐发展成为当地的政治、经济、文化中心，为今天的行政建制和城镇区域分布奠定了基础。

到了清代前期，山东沿海地区的海防形势依然十分严峻，清廷也开始采取措施应对。与明代海防体制不同，清代在立国之初就着手对明代的卫所制度进行改造和调整，将卫所的军事职能行政化，原来的卫所制度渐渐由八旗和绿营相结合的水师制度所取代。在此形势下，山东沿海地区的卫所大多被裁撤或归并到附近的州县，或被改为州县，青岛地区的卫所自然也遭到了裁撤，代之而起的是大量的营防水师和沿海炮台。卫所军事职能逐渐削减，其行政功能日益显现，这也间接促进了其城市化的进程。

古港扬帆　沧溟万里

曲折的黄海海岸线孕育了数千年的海洋文明。真正反映青岛6000年海洋文明历史的重要遗址、遗迹大多不在青岛市区，而是分布在以胶州湾为中心向南北两端延伸的滨海地带上。在青岛海岸线上，多个古港码头依然呈散点状分布，这些古港码头是青岛历史更迭的重要见证，也是青岛、山东半岛乃至中国海洋文明的重要组成部分。

琅琊港

青岛港口的历史可以追溯到春秋战国时期的琅琊港。琅琊港是我国春秋战国时期著名的五大港口之一，五大港口分别为碣石（在今河北秦皇岛）、转附（在今山东烟台）、琅琊（在今山东青岛）、会稽（在今浙江绍兴）、句章（在今浙江宁波），并以琅琊港的名声最为显赫。琅琊港处于五大港口的中间位置，是南通北达的重要中转站，而且有经济富庶的齐国为腹地，其作为大港的地位和作用尤为突出。齐国盛产丝绸，丝织业发达，因而国与国之间的交流也以琅琊港为媒介展开，为琅琊港的经久不衰奠定了基础。琅琊古港位于琅琊台前沿的滨海地区，有着优越的地理位置，景色宜人，在政治、经济、文化以及军事上起着十分重要的作用。琅琊港与琅琊台相互依存，共同演绎了琅琊的传奇。

春秋战国时期，琅琊是齐国的重要城邑，齐桓公在位时，在管仲的大力倡导和推动下，齐国全面实行"通商工之业，便鱼盐之利"的国策，渔业、盐业发达，丝织业更是有着"冠带衣履天下"的美誉。齐桓公、齐景公曾经到这里游历，而且一待就是数月，"游于海上"，流连忘返。琅琊港在春秋战国时期作为军港，曾经有着相当重要的意义。齐国、越国都先后以琅琊作为军港，扼南北海道的要冲，掌握了制海权，并以此作为向陆上扩张的重要基地。越王勾践在消灭吴国后，为了北上称霸，一度把都城迁到琅琊地区，并在琅琊山上修筑了著名的琅琊台。

琅琊港虽然早已废弃，流传下来的琅琊

琅琊台海景

文化却代代相传。如今,国家推行"一带一路"建设,承载"海上丝绸之路"的琅琊港也再次得到关注。在琅琊港基础上建立起来的董家口港继续承担港口责任,争做青岛市融入"一带一路"建设的排头兵。如今的董家口港不断地发展完善,努力建设成为世界性现代化港口,逐渐在世界的舞台上展露风姿。

板桥镇

板桥镇位于胶州湾内,胶州湾水域深阔,波平浪静,夏无酷暑,冬无严寒,不冻少淤,具备了天然良港的条件。北宋时期,全国大部分地区统一,政治比较稳定,社会制度逐步完善,社会经济进一步发展,中外贸易与交往也逐渐繁荣起来,特殊的形势给密州板桥镇带来了发展机遇。板桥镇港口以此为契机,取得了进一步的发展,获得了繁荣与辉煌的地位。

板桥镇港口外接胶州湾,内连山东半岛东部的大沽河,海运与河运实现连通,这样就可将山东地区丰富的物产通过海港往外输送,同时将国外的物产输入进来。北宋初年,极为重视海外贸易的宋朝,在长江以南的广州、泉州、明州(今浙江宁波)、杭州等通商口岸先后设立了市舶司,主要负责向本国

海商发放到海外诸国贸易的"公凭",对进入各口岸的本国和各藩国的商船予以检查和抽解(收税),收购官府的专卖品,同时还负责各藩国的接待工作等。由于当年的密州板桥镇是长江以北的主要通商口岸,与朝鲜半岛、日本列岛诸国的互市贸易极为活跃,宋神宗元丰三年(1080年),时任密州知县的范锷上书朝廷,请求在地理位置优越的板桥镇设立市舶司。这一请求终于在宋哲宗元祐二年(1087年)获得批准,密州市舶司正式建立,可不久即废。次年,范锷等人上书,再次要求在密州设立市舶司,并得到朝廷的批准。

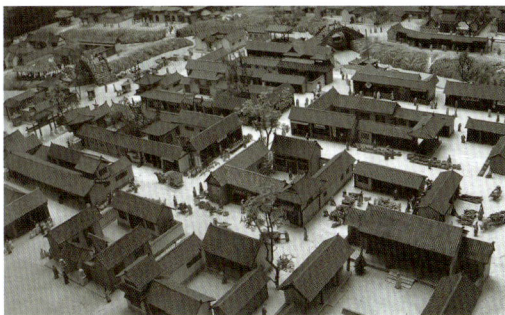

板桥镇复原模型

密州市舶司作为北宋时期长江以北唯一设立的市舶司大口岸,由于离京城汴梁(今河南开封)比较近,交通条件便利,再加上胶州湾海域利于来往船舶的进出和停泊,所

以来往于朝鲜半岛、日本列岛、东南亚以及南亚各地的商船多选择在密州板桥镇通关，板桥镇呈现出前所未有的繁荣景象。密州市舶司的设立使密州港成为当时胶州湾最重要的海上贸易和文化交流的口岸，在中外经济文化交流中发挥了不可替代的历史作用。

青岛港

近代以来，胶澳地区地位愈发重要，晚清政府选择此地作为海防重地，西方列强也十分看好这块宝地，并千方百计想把它抢夺过来。青岛之所以在"青岛口"港埠的基础上迅速崛起，得益于这一地区优越的港口条件与广阔的经济腹地。自胶澳设防、德占时期、日据时期、国民政府时期，再到新中国成立至今，经过100多年不同的历史发展时期，2019年，青岛港货物吞吐量位居全球第六，集装箱吞吐量位居全球第七。

19世纪末，西方列强将侵略的目光聚焦到位于山东半岛的胶州湾地区。1897年11月，鲁西曹州府巨野县两名德国传教士被杀，德国人终于找到了一个借口侵占蓄谋已久的胶州湾。11月7日，德皇威廉二世正式电令在上海的巡洋舰队立即开赴胶州湾。10日，德国三艘军舰从上海出发。14日，驻防胶澳的总兵章高元撤离青岛，放弃了设防6年的胶州湾，德国海军陆战队官兵在青岛湾登陆，强行占领了青岛。1898年，德国强迫清政府签订了丧失胶州湾和部分山东权益的不平等条约《中德胶澳租借条约》。根据这项条约，德国租借胶澳地区，期限为99年；允许德国在山东境内建设两条铁路，德商在铁路沿线15千米内享有开矿权；在山东省内开办的各项事务中，德商均有优先权等。

19世纪60—70年代，德国地质学家李希霍芬长时间带领考察队对中国进行实地考察，他十分留意胶州湾地区。1877年，李

德战时期修建的总督府

希霍芬在《山东地理环境和矿产资源》的报告中提出了在胶州湾建设港口的观点。德国强行租借青岛后，开始大规模兴建青岛港。1899 年，青岛港筑港工程开工。随着青岛港和胶济铁路的建成，德国在青岛实施自由贸易政策，迅速奠定了青岛在山东沿海商贸中心的地位。1899 年 4 月 17 日，中德签订了《青岛设关征税办法》，实行自由港体制。6 年之后自由港改为保税区，青岛港一跃成为中国北方大港。

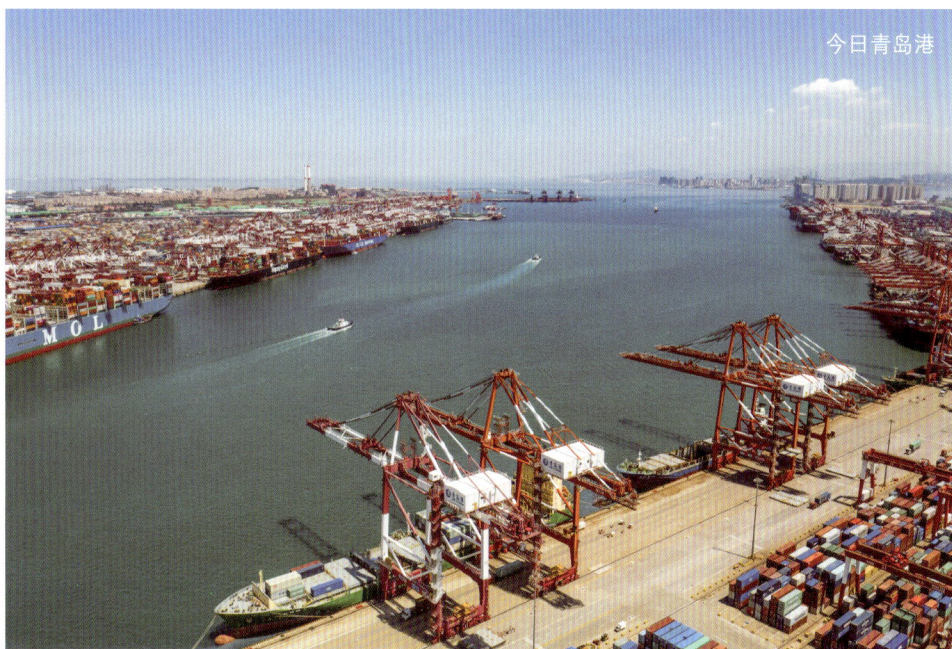
今日青岛港

1914 年，第一次世界大战爆发，这对于早已经觊觎胶州湾的日本来说是一个抢夺胶州湾的好机会。一战爆发后不久，日本便对德国宣战，随即派海军封锁了胶州湾。战争以德国惨败为终结，日本也顺势接管了德国在山东的一切权益。在日德战争期间，青岛港遭到了极大的破坏，码头弹坑密布，海面上一片狼藉。日本同德国一样，对青岛港建设先从扩建小港开始，通过小港贸易来补充大港的贸易。在日本第二次占领期间，为了扩建青岛港码头，成立了"青岛港建设事务局"，压榨和奴役工人为其服务。日本以一种疯狂的状态对青岛进行掠夺，他们通过修整好的青岛港，把山东地区的棉花、食盐、茶叶等运往日本，把日本的剩余产品运往山东，严重阻碍了山东地区民族工业的发展。

1929年，国民政府设立青岛特别市。这一时期因为局势比较稳定，青岛地区的经济有所发展，胶济铁路不再因为战争而时常中断，青岛港贸易逐步上升，青岛港在全国的地位也明显提高。

经历了沧海桑田、风吹雨打之后的青岛港，在新中国成立后容光焕发，开始了大规模的修建，揭开了青岛港历史上的新篇章。山东省是经济大省，改革开放以来取得了突出的成就，青岛港在经济发展中发挥了重要作用。现在的青岛港主要由青岛大港港区、黄岛油港区、前湾港区、董家口港区、威海港五大港区组成，逐渐形成模式健全、管理完备的现代化港口。

夜幕下的青岛港

先贤德风　炳耀千古

数千年来，青岛逐渐积淀形成极具特色的海洋文化，涌现出了一大批杰出人物。他们勇立历史潮头，在政治、经济、科技、文化等领域为青岛的发展做出了卓越的贡献。

古代先贤与青岛

田横与五百义士

在青岛市即墨区东部海域的横门湾中，有一座美丽的小岛——田横岛。田横岛与著名的崂山风景区隔海相望，这座小岛面积仅有 1.46 平方千米，却以其特有的历史文化与人文精神称名于世。岛上空气清新，苍松滴翠，温暖湿润的海洋性气候造就了冬暖夏凉的人间胜境。田横岛不仅因自然风光吸引人，这座岛屿的背后还有一段悲壮的故事，故事的主人公便是以他名字为岛名的田横。

田横岛

田横，狄县（今山东高青东南）人，为齐国贵族，在陈胜、吴广起义的影响下，与从兄田儋、田荣起兵反秦。田儋自立为齐王，因率兵救魏被秦将章邯所杀。其弟田荣重整旗鼓，平定齐地，立田儋之子田市为齐王。后田市被杀，田荣自立为齐王，以田横为将军，占领了齐地。项羽称西楚霸王后，大封诸侯，唯独田荣没有被封王。田荣对项羽心怀不满，就联络赵将陈余反楚。结果齐国大败，田荣也被杀。田横收募齐国的散兵，得到几万人马，在城阳攻打项羽，逐渐收复齐地。田横立田荣之子田广为齐王，田横自为丞相辅佐他。不久，田广被杀，田横自立为齐王，后为汉将韩信所败。刘邦称帝以后，田横与其从属 500 余人逃居海岛上，也就是今天的田横岛。

齐王田横雕塑

刘邦认为田横与其兄田荣都是非常了不起的英雄，齐国很多有才能的人都归附他们，如果不彻底解决，必定再次生乱。于是他派使者到岛上，赦免田横及其部属，并对田横说，如果能归降，就给他们封王或者侯，不归降就派军队前来攻打。田横思虑再三，决定前去洛阳朝见刘邦。在离洛阳还有30里的地方，他对汉朝的使者说："臣子面见皇帝的时候应该沐浴更衣。"于是，一行人就停了下来。他又对自己的随从说："起初我与汉王的地位一样，都是诸侯王。而现在汉王当上了天子，我却成为降虏朝见他，这是非常耻辱的事情。况且，我杀了郦食其，而现在却要与郦食其的弟弟成为同僚，即使他不敢对我怎么样，但是见到他我也心有愧疚。再说了，皇帝见我只不过想看看我到底长什么样。现在皇帝在洛阳，这儿离洛阳30里不到，我死后，你们把我的头砍下，拿去给他看时也不会变什么样。"于是田横自杀，他的随从砍下他的头与使者骑快马到了洛阳。刘邦见后感叹不已，说："嗟乎！起自布衣，兄弟三人更王，岂不贤哉！"意为："他们兄弟三个出身平民，却能更替为王，真是贤人啊！"于是封田横的两个随从为都尉，并发兵2000多人，以诸侯王的礼仪下葬了田横。他的两个随从在安葬完田横后，在田横的坟旁相继自杀，死前还唱着《薤露》。刘邦得知后大惊，于是再派使者，对留在岛上的田横旧属说田横已死，要求他们归降，并对他们全部封以官职。但是这五百多人听说田横已死，于是也唱着《薤露》纷纷自杀。

《薤露》是古代的挽歌，全文如下："薤上露，何易晞。露晞明朝更复落，人死一去何时归。蒿里谁家地，聚敛魂魄无贤愚。鬼伯一何相催促，人命不得少踟蹰。"这首歌后来在汉武帝时被李延年分为两个部分，上阕定名为《薤露》，下阕定名为《蒿里》。前者送王公贵人，后者送士大夫、庶人。田横及五百义士的高风亮节，古今赞叹不绝。

汉武帝与胶东国

胶东国，秦末始置，西汉复置，都城即墨。即墨故城位于今山东平度古岘镇大朱毛村一带，是战国时期齐国除国都临淄以外最繁华的城市。据史书记载，"齐有即墨、琅邪之饶，而联袂挥汗，与临淄并夸殷盛"。公元前206年，项羽以西楚霸王的身份组织重新分封诸侯，将齐地一分为三，分封给原齐国田氏贵族。据《史记》记载，汉高帝六年（前201年），刘邦封皇子刘肥为齐王，领三齐故地七十余城。汉文帝十六年（前164年），汉文帝采纳贾谊"众建诸侯而少其力"的主张，将原齐王刘肥的封地分为七个诸侯国。封刘肥之子刘雄渠为胶东王，都即墨城，辖八县。汉景帝前元三年（前154年），刘雄渠因参与以吴王刘濞为首的"七国之乱"，胶东国被废。次年，汉景帝复置胶东国，封皇子刘彻为胶东王，由于刘彻年仅4岁，就没有去就藩。汉景帝前元七年（前150年），

刘彻被立为太子。汉景帝中元二年（前148年），汉景帝封另一皇子刘寄为胶东王。

汉武帝刘彻虽未曾前往胶东国就藩，但却与这一地区有着不解之缘。即位后的汉武帝，巡幸天下，多次东巡山东一带，祈神求仙。据史书记载，汉武帝曾多次东巡山东地区，其中三次巡幸琅邪。第一次在元封五年（前106年）。第二次在太始三年（前94年）。汉武帝"幸琅邪，礼日成山。登之罘，浮大海。山称万岁"。这次临幸琅邪，汉武帝还在群臣的陪同下乘船泛海而游，尽情领略了大海的雄伟与壮阔。汉武帝在行途中还捕获了一只赤雁，为此还做了一首《朱雁之歌》。

前两次的琅邪之行，汉武帝或许十分欣喜，所以在太始四年（前93年）又一次临幸琅邪，这次来到琅邪郡的一个城——不其城。汉武帝自泰山举行完第五次封禅大典之后，便巡幸胶东海上名城——不其（今属青岛市城阳区）。在汉武帝临幸不其城之前，当地的官员为迎接汉武帝修建了太乙仙人祠等。相传，汉武帝巡幸这些地区是希望寻求到仙人，祈求福佑。

汉武帝多次寻仙祈福的活动对于促进沿海地区造船业、航海业的发展以及海上航线

汉武帝巡幸雕塑

的开辟，起到了积极的作用。而且，汉武帝一次次的东巡，并不是简单纯粹的求仙问药，而是有更为深刻的政治考量和经济动因：政治上，是为了加强中央集权，警示地方，稳固集权；经济上，齐地沿海地区富庶繁华，是重要的战略物资供应基地，确保这一地区的平稳与安定，对于国家的统治具有决定性意义，这也是汉武帝多次巡幸的目的。

海秀山灵 名僧留迹青岛

法显（334 年？—420 年？），俗姓龚，平阳武阳人（今山西），东晋十六国时期著名的高僧，中国古代杰出的旅行家和翻译家，是我国海外求法的第一人。法显生活的时代正处于东晋和北方少数民族政权对峙时期，频繁的战争加剧了社会的动荡，百姓流离失所，民生凋敝，佛教成为芸芸众生的心灵慰藉，许多百姓成为佛教的忠实信徒。由于当时从西域传入的佛教典籍残缺不全，再加上各地僧人说法莫衷一是，法显对当时的佛教深深担忧，于是产生了西行求法求取"真经"的念头。

晋安帝隆安三年（399 年），60 多岁的法显与志同道合的慧景、道整等人一起踏上了西行求法的历程。他们西出长安（今陕西西安市），渡流沙，越葱岭（今帕米尔高原），往天竺（今印度）求法。西行路上艰苦异常，一次次艰难的跋涉只为求取真经，救济苍生。西行求法中，同伴或半路折回，或中途遭变逝去，只有法显一人历时十多年，经天竺等三十余国，一路求法抄经，学习天竺文化，成为我国游历印度的第一人。在天竺期间，法显求得了大量的佛教经典，并对天竺社会的风土人情有了详细的了解。在天竺、狮子国（今斯里兰卡）学习了多年之后，法显毅然决定回国，然而法显回国之路却是异常艰辛。晋安帝义熙七年（411 年），法显携带梵本佛经，搭乘商船，由印度洋海路几经辗转，几经漂泊，大难不死，于义熙八年（412 年）终于返回祖国，在青州长广郡牢山（今青岛崂山）登岸。

回国后的法显潜心著述，翻译经书，他将自己西行求法的经历写成了一部不朽的世界名著——《佛国记》，也称《法显传》。《佛国记》在世界学术史上占有重要的地位，对东亚地区佛教的发展产生了巨大而深远的影响。在法显的影响下，东亚地区尤其是中国和朝鲜半岛掀起了高僧到天竺求法的热潮。唐代高僧玄奘去天竺取经，是在法显 200 多年之后，依然以继续法显的事业为志向。继玄奘之后，唐代高僧义净从广州搭乘商船开启了西行求法的历程，归国后写成《大唐西域求法高僧传》《南海寄归内法传》等著作。

法显崂山登陆纪念

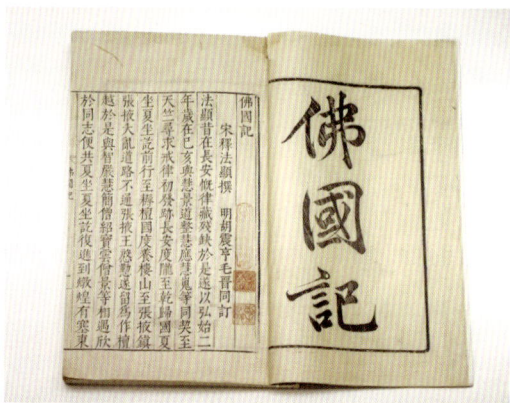
《佛国记》书影

崂山是高僧法显的再生福地，法显为人文崂山增光添彩。在法显崂山登岸 1600 多年后的 2014 年，首届"法显论坛"在青岛举行，研究法显文化的学者齐聚青岛，缅怀他舍身求法、开拓进取、沟通中外、放眼世界的精神。

近代名流与青岛

碧海蓝天"天游园"

康有为（1858—1927 年），原名祖诒，字广厦，号长素，广东南海人，人称康南海，我国晚清时期重要的政治家、思想家、教育家。康有为早年一直活跃于政坛之中，晚年寓居青岛。1917 年，康有为第一次来到青岛，短暂游览之后便离青赴大连。这次青岛之行虽然短暂，但青岛这座美丽的滨海城市给他

康有为

留下了深刻美好的印象。

青岛优美的自然风光和人文底蕴给了这位失意的政治人物最后一丝温情。1923 年再次来青岛后，康有为产生了常住青岛的念头。他在青岛租下了福山路 6 号（今福山支路 5 号）一幢德式建筑，开始了前后四年寓居青岛的岁月。第二年又正式买下这座楼，并命名为"天游园"。在此极目远眺，辽阔

康有为故居

的大海、澎湃的浪涛、鳞次栉比的各式建筑尽收眼底。1924 年他作诗云："截海为塘山作堤，茂林峻岭树如荠。庄严旧日节楼在，今落吾家可隐栖。"康有为对青岛独特的自然、人文风光也多有描述，如在《青岛会泉石矶望海观潮，高至数丈，异观也》一诗中赞美青岛独特的自然风光。诗云："海水冥濛望石矶，怒涛高拍入云飞。飞帆渺渺和云水，岛屿青青日落时。"他在《与方子节书》中写道："……青岛之红瓦绿树、青山碧海，

为中国第一……"堪称妙笔，至今仍为世人所广泛引用，其寓居青岛后的喜悦之情可见一斑。寓居青岛期间，康有为还曾游览崂山，写有330字的五言古诗《劳山》，并附以长跋，刻于崂山太清宫后的一块山石上。

康有为的青岛故居，为青岛人文景观增添了一个宝贵的文化因子，已经成为青岛这座历史文化名城的一处重要人文殿堂。

蔡元培

吾国第一 蔡元培与青岛水族馆

蔡元培（1868—1940年），字鹤卿，又字子民，浙江绍兴人，近代著名的教育家、革命家、政治家。蔡元培一生多次来过青岛，与青岛颇有渊源，对青岛的教育、科学研究事业有着不可磨灭的贡献。1924年私立青岛大学成立时，蔡元培即为名誉理事；1929年国民政府筹备建立国立青岛大学时，蔡元培同为筹备委员之一；1932年国立山东大学建校青岛也是蔡元培当年力谏的结果。

青岛作为中国近代海洋科学事业发祥地，自20世纪20年代末开始，迄今已有90多年的历史传承，已经发展成为中国海洋科研与教育的中心。这离不开众多教育家和海洋科研工作者的辛勤付出，蔡元培就是其中的杰出代表。

1928年11月15日，青岛观象台成立海洋科，宋春舫出任科长，这是一个历史起点，标志着中国现代海洋科学研究的发轫。着眼于海洋科学研究的需要，宋春舫与观象台台长蒋丙然一起提出了在青岛兴办水族馆的设想，并将相关设想呈报给了时任中央研究院院长的蔡元培。1930年8月，中国科学社第十五次年会在青岛举行。会议期间，蔡元培、竺可桢、杨杏佛、蒋丙然、宋春舫等联合发起了在青岛创立中国海洋研究所并先行建设水族馆的倡议，得到广泛响应。蔡元培认为，"青岛海滨，幽胜之地，谋立海洋研究所"。中国海洋研究所筹备委员会随即成立，建馆计划迅速付诸实施，由观象台负责具体工作。1931年，水族馆正式开工建设。1932年2月建成。同年5月8日，举行了开馆典礼，被蔡元培称为"吾国第一"的青岛水族馆在

中国海洋名城——青岛

汇泉湾畔诞生了。青岛水族馆外部造型为中国古城堡式，楼高四层，四面有城墙，内设标本室三间，活水族陈列池 18 个，露天鱼池两个，在海滨有水塔、水池等，几十年以来一直是东亚著名水族馆，为促进海洋科学知识的传播做出了巨大贡献。

青岛水族馆

人杰地灵 荟萃文坛名流

20世纪30年代，随着国立青岛大学（后改名为国立山东大学）的建立，青岛云集了一大批文化名流，如闻一多、老舍、沈从文、梁实秋、王统照等，他们在这里讲学执教，著书立说，创造出了许多轰动文坛的巨作，为青岛文学史写下了光辉的一页。

闻一多（1899—1946年）本名闻家骅，字友三，生于湖北省浠水，新月派代表诗人和学者。曾就读于清华大学，后赴美留学，先是攻读美术专业，后来转向文学。1930年，闻一多来到青岛，在国立青岛大学任职，担任文学院院长兼中文系教授、主任，主要讲

闻一多先生
1899—1946
闻一多塑像

授历代诗歌、英国诗选等课程。在青岛期间，闻一多创作了散文《青岛》和诗歌《奇迹》等作品。1932年，闻一多离开青岛，回到清华大学任教。1950年，山东大学将闻一多的故居命名为"一多楼"。

老舍（1899—1966年）原名舒庆春，字舍予，笔名老舍，北京人，中国现代小说家、著名作家，杰出的语言大师、人民艺术家，新中国第一位获得"人民艺术家"称号的作家。他的文学作品，语言通俗易懂，朴实无华，且幽默诙谐，具有较强的北京韵味。

老舍在20世纪20年代便以《老张的哲学》《赵子曰》等长篇小说而闻名。1934年秋，老舍辞去了齐鲁大学的教职，从济南来到了青岛，在国立山东大学任中文系教授，开设了小说作法、文学概论等课程。1936年夏天，老舍从山大辞职，从此成为一名专业的作家。1937年"七七事变"之后，老舍离开青岛，又到济南齐鲁大学任教。在青岛寓居的时光是老舍文学创作的黄金时期，写了长篇小说《牛天赐传》《骆驼祥子》等，

散文《五月的青岛》《青岛与山大》等，还与友人合办了《青岛民报》副刊《避暑录话》。老舍对青岛十分喜爱，从《蛤藻集》《樱海集》两本小说集中，足见老舍对青岛的眷恋之情。

沈从文（1902—1988年）原名沈岳焕，字崇文，湖南凤凰人，中国著名作家。沈从文从1924年开始文学创作，1931年8月，应时任国立青岛大学校长杨振声之邀来到青岛，任国立青岛大学中文系讲师，讲授小说史和散文写作。沈从文在青岛生活时期，是他文学创作的黄金阶段，共创作了几十部作品，如《月下小景》《记丁玲》《从文自传》等。其代表作《边城》也是酝酿于青岛。虽然在青岛的时光短暂，但他对青岛却有着非常深厚的感情，青岛对他的人生和创作有着深刻而悠远的影响。今天的青岛福山路3号，是当年沈从文的客居之所，同康有为故居、洪深故居等一道成为青岛市南名人街的一道亮丽的风景。

老舍故居

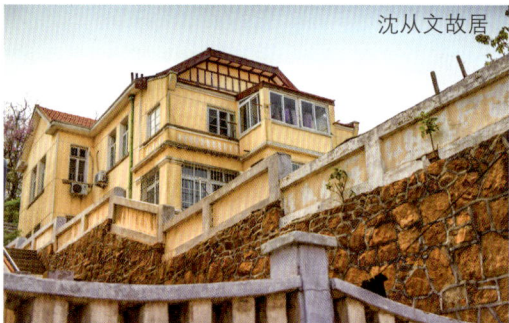
沈从文故居

耕海牧洋的海洋科学家

青岛是我国重要的海洋科研基地，海洋科研实力十分雄厚，全国半数以上的海洋科研力量聚集于此，拥有海洋科研、教育和管理机构20多个，中国海洋大学、中国科学院海洋研究所等都是全国顶尖的海洋科研机构，青岛已经成为名副其实的海洋科技城。海洋科学事业蓬勃发展与近代以来一批海洋科学巨擘的努力密不可分，代表人物有曾呈奎、赫崇本、方宗熙、童第周、毛汉礼、唐世凤、文圣常等。他们深耕海洋、勇攀高峰，为青岛这座海洋科技城打下了坚实的基础。

曾呈奎（1909—2005年）出生于福建厦门一个华侨世家，国际著名的海洋生物学家，是我国海藻学研究的奠基人。曾呈奎硕士毕业后，于1935年来到国立山东大学担任植物学讲师，后来又去美国求学。抗日战争结束后，他毅然放弃了当时在美国优越的工作环境和生活条件，回到国立山东大学任教，担任植物学系主任，并参与创建水产学系，兼任代理主任。后来促成了朱树屏来校担任水产学系主任，并引荐赫崇本教授前来执教。新中国成立之后，曾呈奎与童第周、张玺等老一辈科学家受国家所托，共同筹建起中国科学院水生生物研究所青岛海洋生物研究室。1945年，该室改称中国科学院海洋生物研究室。1957年该室扩建为中国科学院海洋生物研究所，1959年再度扩建为中国科学院海洋研究所，曾呈奎都是任第一副所长。1978年曾呈奎任该所所长，1985年起任名誉所长。1987年任中国科学院实验海洋生物学开放研究室主任，1980年当选为中国科学院学部委员（院士）。

曾呈奎在植物标本室观察海藻标本

曾呈奎有一句诺言："我要给人们饭桌上添几道菜。"他的确做到了。现在，中国家庭餐桌上，海带已是常见的菜，可在20世纪50年代，对一个普通家庭来说，海带却是十分稀罕的物品。中国原来不产海带，自从日本引进后产量一直较低。经过长期的研究，曾呈奎和他的助手们成功研究出海带幼苗低温度夏、海带陶罐施肥、海带南移等方法，使我国海带总产量大增。他长期从事海藻生物学研究，发现了百余个新品种、两个新属、一个新科，对经济海藻资源的开发利用和化学加工做出了巨大贡献，在海带和紫菜的栽培及生物学研究方面成绩斐然，为我国海藻生产事业的建立和发展奠定了基础。

曾呈奎不仅是一位海洋生物科学家，还是一位具有眼光的海洋战略家。每当关键时刻，他总能站在海洋科学乃至整个海洋事业的最前沿，为我国海洋事业的发展献计献策。20世纪50年代后期，他作为主要负责人之一组织了大规模的全国海洋综合调查。60年代，他和29名科学家一起联名上书国务院建议成立国家海洋局，并得到正式批准。70年代，他积极向国家建议开展南极调查研究，被采纳。80年代，他密切关注正在兴起的海洋生物技术，提出了中国发展海洋生物技术的设想。曾呈奎从事海洋教育、科学研究事业达76年，他的杰出贡献，得到了国内外的广泛赞誉。

赫崇本（1908—1985年）字培之，辽宁凤城人，中国海洋事业的主要奠基人。赫崇本家境贫寒，但是受父亲影响，从小便励志读书、回报乡亲、报效祖国。后来，他在姑姑的资助之下前来北京求学，于1928年成功考取清华大学，攻读物理。1932年毕业后赫崇本曾经在清华大学、西南联合大学、河北省立工业学院、私立益文商业专科学校、南开中学等校任教。1943年赴美留学。赫崇本出国不是为了自己的前途，而是为了学

成回来报效祖国。因为那个时代，国内的海洋学科研究几乎是个空白，所以到了美国以后，他选择了物理海洋学研究。赫崇本先是

赫崇本

在美国加州理工学院气象系攻读博士，获得学位后，又到加州大学圣迭戈分校斯卢里普斯海洋研究所一边研究物理海洋，一边从事海洋与波浪的研究工作。

1949年初，赫崇本毅然放弃美国的工作和学业，回到祖国。回国后，赫崇本应国立山东大学海洋研究所和曾呈奎教授的盛邀，来到青岛，就职于国立山东大学，其间赫崇本开设了海洋学通论课程。后来赫崇本在山东大学筹建了海洋系，并担任系主任。该系是我国物理海洋学的人才培养基地。作为一名海洋科学教育家，赫崇本开创了中国物理海洋科学与海洋气象科学教育的先河。1958年，山东大学受命迁校济南，赫崇本教授认为海洋学科的发展离不开海洋，于是

上书中央建议创建以海洋为基础的专业海洋学院。于是，山东海洋学院诞生了。学院成立之后，赫崇本先后担任教务长、副院长。作为国家高层次的海洋战略专家和新中国海洋科技事业的开拓者，赫崇本经常思考新中国海洋科学的发展前途，对制订中国海洋科学发展规划更是殚精竭虑。1956年，他担

"东方红"号科考船

任国家科学规划委员会海洋组副组长，并参与制订《1956—1967年科学技术发展远景规划纲要》（简称《十二年规划》）、《1963—1972年科学技术发展规划纲要》（简称《十年规划》）、《1977—1985年全国科学技术发展规划纲要》（简称《八年规划》）中的海洋科学技术部分。

赫崇本既十分重视基础理论教学，又重视科研实践能力。为此，他要建造一艘用于教学实习的海洋综合调查船。经过不懈努力，这一愿望终于得以实现。我国自主设计制造

的第一艘综合性海洋教学实习船"东方红"号于1965年下水。他经常乘坐"东方红"号科考船指导教师和学生的海洋调查和实习。在他的倡导和支持下，20世纪60—70年代，中国成功举行了大规模的海洋仪器会战，加速了中国海洋研究仪器、技术实现系列化、标准化、自动化和现代化。1963年3月，他又联合曾呈奎等多名海洋界专家，联名建议国务院设立国家海洋局。赫崇本从教36年，甘为人梯，为我国海洋事业的发展做出了重要贡献。

方宗熙（1912—1985年），福建云霄人，我国著名海洋生物学家。1936年毕业于厦门大学。曾在厦门大学和云霄中学等校、印度尼西亚和新加坡等地任教。1947年赴英国留学，获伦敦大学博士学位后回国。历任国家出版总署和人民教育出版社编审，山东

方宗熙

大学教授，山东海洋学院教授、系主任和副院长，中国海洋学会、中国遗传学会、中国科普创作协会副理事长，《遗传》主编、《海洋学报》和《山东海洋学院学报》副主编等。

方宗熙是我国海藻遗传育种领域的奠基者，他在海带遗传育种方面的研究成果，为海带养殖开辟了新的领域。他开展的海带单倍体遗传育种研究，引起国际上的重视，这一研究成果，曾获得1978年全国科学大会的奖励。

方宗熙先生是我国科普大家。在繁忙的教学过程中，他始终没有忘记科学知识的普及工作，陆续写就《生物是怎样发展的》《生物的进化》《生命进行曲》《生物基础知识》等科普作品。方宗熙不仅撰写了百万字的科普作品，还根据自己在创作实践中的经验撰写了科普创作理论探讨文章。除撰写科普文章外，他还充分利用科普广播、科普讲座等多种形式传授科技知识。

方先生在自己的日记本上端正地写着："生命的价值在于贡献。"他把这句话当作自己的座右铭。在长期的科普创作中，他给自己定了一条规矩：晚上检索所需资料卡片，翌日黎明即起身伏案写作，几乎天天如此。在科普创作的征途上，方先生呕心沥血、历尽艰辛，笔耕50余年，为后人留下了几十册、几百篇科普作品，在普及海洋科技知识方面做出了杰出的贡献。

养殖海带晾晒

篇 二

海洋民俗　演绎别样风情

民俗历史文化是人类社会文化记忆的延续和民众智慧的结晶，是一个地域内社会变迁和发展的真实写照，也是表现和传承传统文化积淀和相关生活方式最直接生动的窗口。靠海而居、依海而生的海洋社会生活，塑造了青岛人自古以来"海味十足"的民俗生活，海洋节庆、海洋传说、海洋习俗、海洋饮食等都反映着青岛地区独特的民俗风情。

异彩纷呈的
海洋节庆活动

　　神秘辽阔的大海不仅赐予人们丰富的食物，而且赋予人们无限的想象。人们感恩海洋、热爱海洋，为了外化内心的情感，往往通过节庆来表达。祭祀海洋是沿海民众对海洋表达感激之情的一种方式，希望海洋继续馈赠人类财富和平安。青岛的田横祭海节是我国北方地区最大的祭海节，有着悠久的历史。除了源远流长的祭海节外，随着海洋时代的到来，还涌现出了展现人海和谐共生、海洋科技、文化和旅游等内容的海洋节庆，如红岛蛤蜊节、金沙滩文化旅游节，都是建立在历史文化底蕴之上的新的海洋节日。

田横祭海节

山东沿海各地和岛屿地区民众最看重的民俗节日，除了与内陆地区一样普遍的春节、中秋、端午等"常节"之外，往往有其独特的、隆重的祭海节会，各地各有其名，多以"祭海节""上网节"等称之。

祭海，即沿海各地及岛屿上人们对海神、海中水族及精灵、逝去的捕鱼人和跑船人等进行的祭祀活动，是海洋民俗文化中的重要内容。祭海节在我国沿海地区非常流行，一般是在鱼汛到来的时候，渔民准备捕鱼之前举行。

龙王庙

田横镇位于青岛市即墨区，因秦末齐王田横殉节以及五百义士的故事而得名，距今已经有 2000 多年的历史。田横镇依山傍海，素有"海山之畔，云天之滨"的美誉；在耕海牧渔的过程中，逐渐形成了独具特色的以祭海仪式为主的海洋民俗。田横镇面朝大海，很多村子的村民都以捕鱼为生，祭海也成为村民必备的一项活动。最初祭海只是每家每户选择谷雨前后的一个日子分散地进行，没有固定的日期和盛大的仪式。约在 100 多年前，田横祭海活动初成规模。20 世纪 90 年代称为"周戈庄上网节"。

2004 年开始，田横镇政府组织开展了祭海民俗资料挖掘、整理、分类、存档工作。2005 年更名为"田横祭海民俗文化节"，时间定为每年公历 3 月 18 日前后三天，并增添民俗表演及民俗摄影大赛、香饽饽面塑大赛、民俗研讨等活动内容。2006 年，田横镇将祭海活动正式定名为"田横祭海节"。2008 年，田横祭海节入选第二批国家级非物质文化遗产名录，并荣膺首届节庆中华奖"最佳公众参与奖"。

在祭海节前十几天，村里的渔家妇女们就开始蒸面塑，面塑的传统造型是寿桃。随着节日的发展，如今心灵手巧的妇女们又在寿桃上设计了梅花、牡丹、盘龙等饰物，再用各种颜色绘上油彩，造型十分生动。

形态各异的面塑

除了面塑，还要准备"三牲"，即整猪、整鸡、整鱼。田横祭海节一共三天，祭海盛典会重现传统北方渔民祭海仪式，包含请龙王、颂祭词、歌舞演出等环节，吉时一到，千挂鞭炮齐鸣，场面宏大。渔民们还会给大家重现古代渔民出海归来拉纤及修补渔船时喊的劳动口号，也就是"渔家号子"。

田横祭海是渔民在漫长的耕海牧渔生活中，创造出的一种独具地域特色的海洋民俗文化，其实质是向赖以生存又充满风险的大海表达一种敬畏和期盼。如今的田横祭海节已经不仅仅是单纯的仪式。随着生产能力的提高、科学普及和渔民思想意识的转变，祭海在保留传统节日形式的基础上，由原来纯粹向海神祈求平安、丰收，逐渐转变为对美好生活的向往和期盼，同时也演变成了集观光旅游、经济、历史内涵于一身的城市文化。

每年祭海期间，田横镇都与山东省摄影家协会、青岛民俗摄影家协会、青岛市民俗博物馆、青岛市民俗学会等机构联合举办民俗研讨会，邀请民俗专家深入探讨如何继承和发扬祭海民俗。同时，田横镇每年都要举办摄影大赛，并在青岛天后宫举办摄影展览，加强了祭海民俗的传播与交流。央视等有影响力的媒体都会对每年的祭海活动进行直播，也让更多人认识到中国北方淳朴的海洋民俗文化。经过十余年的精心策划与努力，田横祭海节已发展成为中国渔文化特色最浓郁、原始祭海仪式保存最完整、规模最大的民俗盛会。

红岛蛤蜊节

中国很多沿海地区都产蛤蜊，对蛤蜊也都不陌生，但是青岛人用"gá là"这个独特的地域方言将青岛蛤蜊介绍给全世界。"喝啤酒，吃蛤蜊"已成为青岛的饮食特色，也

成为青岛的文化符号。都说青岛蛤蜊肥，那么青岛哪里的蛤蜊最肥呢？答案是红岛。红岛原本是胶州湾中的一座孤岛，随着时间的推移，逐渐与大陆相连。红岛历史悠久，胶州湾地区近千年的民俗风情都可以在这里找到影子。红岛滩涂面积广大，有万余亩可用于蛤蜊养殖，而且滩涂中黑泥和泥沙相互配合繁育出的蛤蜊肉质鲜美，再加上胶州湾内湾风平浪静，更使这些小精灵茁壮成长。

丰收的蛤蜊

产量喜人的蛤蜊吸引了众多的海产品加工厂落户红岛。为了使青岛的城市形象更加深入人心，2004 年，城阳区举办了首届青岛红岛蛤蜊节，并且组织开展了文艺演出、健身休闲、经贸洽谈等多种活动。红岛本身就是一个生态旅游区，有道教圣地青云宫、黄澜赶海园、韩家民俗村、红岛休闲渔村等

景点，而且节会期间青云宫是免费参观的，这吸引了很多人到此一游，来体验青岛的"赶海"盛况。

红岛的蛤蜊在5—6月份最肥，俗话说"赶海挖蛤蜊，一挖一麻袋"。红岛蛤蜊节也将时间定在"五一"前后，为期一周左右。红岛蛤蜊节突出赶海、垂钓、休闲、娱乐等参与性较强的"海文化"主题活动，一般分为两个会场，一个是红岛休闲渔村，另一个是红岛黄澜赶海园。在节会期间，人们可以到红岛休闲渔村内拾贝、挖蛤蜊，但是挖蛤蜊也不是随时随地挖的，要根据潮汐规律，早上六点到九点是最佳的时间。迎着朝阳，踏着泥沙，温和不热的天气正好可以约一群好友，戴着太阳帽，拿着小铲子，不一会儿工夫便满载而归。黄澜赶海园位于黄澜海滩，被誉为野生牡蛎的天堂。这是因为其位于大沽河入海口，海水的盐度偏低，微生物较为丰富，特别适合贝类生长，这里的牡蛎和蛤蜊口感和肥满度都优于其他区域，曾是红岛最早出口海外的海产品。节会期间，儿童娱乐、节目表演、烧烤、小吃等也给人们带来轻松愉悦的体验，开启"逛吃"的节奏。红岛人一向喜欢以水煮或清蒸的原始烹饪方法来处理海鲜，极大地保留了海鲜鲜美的味道，让大海的味道一直萦绕舌尖。

红岛蛤蜊节期间赶海的人们

神奇而浪漫的
海洋传说

　　人类分布于不同的地理环境之中，有着不同的生活模式和发展轨迹。青岛作为一个地处海洋环绕的地理区域，临海而居、依海而生的生活模式催生了海洋传说的诞生。传说往往产生于一定的现实基础之上，反映了人们对于海洋的敬畏和对于美好生活的向往。

妈祖文化

妈祖，又称天后、天妃、海神娘娘。妈祖信仰是以中国东南沿海为中心，扩及东亚沿海一带的海神信仰，也是船工、海员、海商和渔民共同信奉的神祇。

妈祖据传真有其人，真名为林默，小名默娘，故又称林默娘，出生在美丽的莆田湄洲岛。林默自幼聪明，勤奋好学，后来为人占卜吉凶，驱灾救病，在一次救助海难中不幸去世。林默去世后，被老百姓奉为地方保护神，后来历代统治者封其为"夫人""天妃"等，并创造了很多相应的神话，在民间受到广泛的崇信。妈祖是集无私、善良、慈爱、英勇等传统美德于一体的精神象征和女

性代表。

妈祖信仰是伴随着航海与海洋贸易的发展而逐步产生和传播的，体现了人们在从事航海活动中对于海洋的敬畏之情。妈祖作为航海的保护神，为古代从事航海活动的人们提供了征服惊涛骇浪的精神力量，承载了古人祈求平安、丰收、幸福、安康的精神寄托。

青岛城区位于山海之间，在绵长逶迤的海岸线和众多岛屿上，世世代代存在着以渔业为主或渔农兼营的区域社会。这里的人们期盼海洋能够使他们渔业丰收，出海能够平平安安，归来能够渔获满舱，兼营的农作物能够风调雨顺，五谷丰登，平安幸福。在诸多民间信仰里，妈祖信仰是当地最具代表性的民间信仰之一。

青岛天后宫

位于青岛市市南区太平路19号的天后宫，是青岛市区现存最古老的明清砖木结构建筑，也是青岛地区现存最完整、影响最大的天后宫。其所在地区原来叫作"青岛口"，也就是今天的"栈桥湾"或"青岛湾"北岸，是原来的青岛河入海口，与栈桥仅一步之遥。青岛天后宫始建于明成化三年（1467年），之后又经过明崇祯末年、清雍正年间、清同治四年(1865年)等多次整修和扩建，才有了今天的规模，青岛民俗博物馆就设置在天后宫内。

石老人的传说

在青岛东海路向东尽头的海边，抬眼望去，你会发现有一块巨石矗立在海中，形态像一个孤独的老人遥望着大海深处。他每天晨迎旭日，暮送晚霞，经受了千百年海风和海浪的侵蚀，历尽沧桑而屹立不倒，不知度过了多少岁月。在夕阳的映照下，老人一身金裟，他目视远方，神情焦灼，嘴巴不停翕动，好似在自言自语，又好似在诉说着心事。这就是青岛著名景点——石老人。

相传，石老人是居住在午山脚下的一个勤劳善良的渔民，与聪明美丽的女儿相依为命。不料一天女儿被龙王抢进龙宫，可怜的老人日夜在海边呼唤，望眼欲穿，他不顾海水没膝，盼得两鬓全白，腰弓背驼，仍执着地守候在海边期盼着女儿归来。后来趁老人坐在水中拄腮凝神之际，龙王施展魔法，使老人身体渐渐僵化成石。女儿得知父亲的

石老人

消息，痛不欲生，拼死冲出龙宫，向已变作石头的父亲奔去。她头上插戴的鲜花被海风吹落到岛上，扎根生长，从而使长门岩、大管岛长满野生耐冬花。当姑娘走近崂山时，龙王又施魔法，把姑娘化作一块巨礁，孤零零地定在海上。从此父女俩只能隔海相望，却永难相聚，后来人们把这块巨礁称为"女儿岛"。这个凄美的故事引发无数游人的同情与感叹。如今大海里已经不再有为非作歹的海龙王，山脚下的小渔村也变成了著名的观光景点。

石老人是我国基岩海岸典型的海蚀柱景观，历经千百年的风浪侵蚀和冲击，午山脚下的基岩海岸不断崩塌后退，并研磨成细沙沉积在平缓的大江口海湾，唯独石老人这块坚固的石柱残留下来，乃呈今日之形状。石老人是大自然鬼斧神工的艺术杰作，也是现在青岛著名的观光景点。石老人海水浴场的沙滩细腻舒适，海水蔚蓝而广阔，是夏日里人们消夏游泳的好去处。很多人不远万里来青岛只为一睹"石老人"，目的当然不是仅仅看这块岩石，更是透过这块石头来抒发心中的情感。

石老人海水浴场

多姿多彩的
海洋饮食

　　青岛海边居民与内陆民众的生活方式差异很大。青岛地区海产资源丰富，饮食多以海鲜为主，注重其自然鲜味，形成了鲜香、原汁原味的饮食特点。大街小巷，城市的休闲生活也以吃海鲜、吃烧烤、喝啤酒为特色。无论是鲜货还是干品，烹饪方法丰富多样。在青岛，几乎是无鱼不成席，同时也形成了许多与鱼相关的风俗。

以海为厨房 美食飘香

青岛靠山临海，优越的地理环境、宜人的气候和丰富的物质基础造就了青岛人休闲安逸的生活形态。美食当然必不可少，海鲜便是青岛饕餮美食的首选。春秋两季是青岛吃海鲜最好的季节，这时的海鲜肉质鲜嫩肥美，清爽可口。

青岛沿海是带鱼的重要产地。带鱼因样子酷似一把银光闪闪的大刀，当地的渔民就把它叫作刀鱼。带鱼常见的吃法有清蒸、红烧、油炸等，吃带鱼讲究吃带肚皮的前半段，这一部分的鱼肉富含油脂，肉质细腻鲜美。在青岛有一句谚语："加吉头，鲅鱼尾，刀鱼肚子，唇唇鱼的嘴。"意思就是这四种鱼的四个部位最好吃。

北方人对于水饺都不陌生，在青岛你

带鱼

可以吃到与其他地方截然不同的馅儿。青岛的水饺充分利用了靠海的地域优势，以海鲜制馅儿包成饺子，鲜美可口。最出名的海鲜水饺当属墨鱼水饺、黄花鱼水饺、鲅鱼水饺了。墨鱼水饺精选三斤以上的野生墨鱼制成馅儿，而且只选用墨鱼桶状鱼身制馅，出肉率只有40%，提取新鲜墨鱼汁混入面粉中制成饺子面皮，这样的面皮不仅色泽黝黑独特，而且墨鱼汁的营养也能充分被人体吸收。黄花鱼水饺选用野生黄花鱼肉制馅，提取新鲜黄瓜汁混入面粉中做饺子皮，不仅看起来有食欲，还有很高的营养价值。鲅鱼水饺则以青岛沙子口野生鲅鱼肉制馅，选用崂山矿泉水混入面粉，清澈的矿泉水与面粉融为一体，皮薄馅大，清爽而有韧性，能够充分锁住海鲜的原汁原味；一口下去，面皮柔软而不失劲道，馅料紧实饱满，汤汁鲜美，岂不美哉。

海鲜水饺

青岛鲅鱼礼

鲅鱼，也叫蓝点马鲛，因为"鲅"跟"霸"同音，所以它的名字听上去很霸气。事实上也如此，鲅鱼生性凶猛，牙齿锋利，且体型巨大，捕食时好似猎豹。在胶东半岛地区，鲅鱼曾是渔民一年中下海捕捞到的头一批货物，故而有"第一鱼"之称。因为其肉多实惠，渔民享受了口福之后称它为"满口货"。

鲅鱼营养丰富，除了能补气、平咳，还有提神防衰老的功效，很受人们的喜爱。在青岛等北方沿海城市，有"山上鹧鸪獐，海里马鲛鲳"的说法。

青岛地区捕食鲅鱼的历史十分悠久，早在5000多年前的三里河文明时期，就发现了有捕食鲅鱼的现象。每年谷雨节后，是青岛鲅鱼大量上市的时节，这时候捕捞的鲅鱼肉质肥美，人们都迫不及待地想吃上这鲜美的鲅鱼，家家户户的餐桌上便多了这道美味鱼肴。在青岛还流行着一句"鲅鱼跳，丈人笑"的民谚，说的就是新鲜鲅鱼上市的时候，青岛女婿采买鲅鱼孝敬岳父岳母的佳话。

在青岛，女婿给老丈人送春鲅鱼的习俗已经有上百年的历史。在民间还流传着这样一个感人的故事。

新鲜鲅鱼

一个名叫小伍的孩子，从小父母双亡，被一位慈祥的老人收养，逐渐成长为忠厚老实的青年，于是老人将自己的女儿许配给小伍。为了报答老人的恩情，小伍努力种地捕鱼，十分勤劳。一年春天，老人突然病倒，念叨着想吃鲅鱼，眼看老人病情越来越重，虽然海上狂风大浪，小伍还是冒着生命危险出海了。女儿守在老人身边呼唤："爹啊爹，

您坚持住，小伍一会儿就回来了。"老人听后点了点头："好孩子，难为小伍了，罢了，罢了……"话没说完就咽气了。就在此时小伍拿了一条大鲜鱼跑了回来，可是已经晚了。夫妻二人悲痛欲绝，抱头大哭，只好把鲜鱼做好后供在老人灵前。

从那以后，小伍夫妻俩每年都要在老人的坟前供上这种初春刚捕到的大鱼，并按老人死前口中念叨的"罢了，罢了"为这种鱼起名叫"罢鱼"，即现在的鲅鱼。此事传开后，人们从小伍的经历中得到启示，老人能吃的时候一定要让老人吃够，尤其是春天的鲅鱼。于是，春天送鲅鱼孝敬岳父母的做法就这样日久成俗，流传开来。

如今，不管是刚刚结婚的新女婿，还是五六十岁的老女婿，凡是岳父母还健在，就会提着鲜亮的大鲅鱼给老丈人。送鲅鱼礼不分大小多少，关键是尽孝心，这也体现了中华民族重视孝道的传统美德。现今，鲅鱼也成为青岛海鲜美食当中的主角，以沙子口鲅鱼最为肥美。鲅鱼作为沙子口特产，每年上市数千吨，每年沙子口都会举办一次盛大的鲅鱼美食节，因此沙子口有"鲅鱼之乡"的美誉。

啤酒与海鲜

啤酒与海鲜堪称绝配，要想吃到青岛最新鲜的海鲜，既可以去码头购买渔民们刚刚收获的海鲜，也可以去市场购买。市场里售卖的海鲜往往价格便宜，而且十分肥美。在青岛各个区都有以售卖海鲜为主的水产市场。

在市场上，可以见到整条街都是售卖海鲜的小摊，无论是大虾还是螃蟹，个个都鲜活饱满。青岛人或游客兴致来了，往往买几斤海鲜就近找个啤酒屋海鲜小馆，只需要支付少许加工费，便可以请店家将买来的海鲜进行特色加工，清炒、清蒸、红烧……在满足口腹之欲的同时，又享受了独特的生活情趣。

遍布在青岛小巷里的"苍蝇馆"虽然环境简陋，但是海鲜烹饪厨艺高超，每天光顾的客人络绎不绝。青岛盛产海参、鲍鱼、扇贝、梭子蟹等，肉末海参、原壳鲍鱼、油泼扇贝、清蒸梭子蟹、黄鱼炖豆腐、酸辣鱼丸、家常烧牙片等都是海鲜类的经典菜式。"吃海鲜，喝啤酒"，绝对是青岛人夏天的标配。

青岛人常说："青岛有两种泡沫，一种是大海的泡沫，一种是啤酒的泡沫，两种泡沫都令人陶醉。"

海鲜大排档

独具特色的袋装啤酒

青岛啤酒品种繁多，生啤、熟啤、原浆……外来人总是分不清楚。生啤是指经过硅藻土过滤未经杀菌的啤酒，其味道鲜美；生啤中含有的酵母菌，具有促进胃液分泌、促进消化、增进食欲的作用。生啤一般散装销售，气泡洁白细腻，色泽金黄透亮，味道清爽微苦，常温下保质期只有一两天。熟啤是指生产过程中经过二次发酵并灭菌处理的啤酒。这种啤酒保存时间较长，所以一般是瓶装、罐装。原浆啤酒就是没有经过高温或低温处理的啤酒发酵原液，因含有一定量的活性酵母，呈现一定浊度，酒体泡沫丰富，麦香浓郁，口味新鲜纯正，是最新鲜、最原始的啤酒。

啤酒已经深深融入青岛人的生活，就好像有些地方过日子离不开辣椒一样，没有啤酒，这顿饭可能吃得就乏味；没有啤酒，招待客人就会欠热情。很难想象没有啤酒的青岛夏天将会是怎样。

青岛海鲜市场

篇 三

海洋科技 振兴青青之岛

　　五千载岁月悠悠，八万里沧海茫茫。泱泱中华自古英雄辈出，当代学者面对万里汪洋更是披风踏浪。19世纪末，中国测天探海的科技"航船"在青岛起锚，昂首阔步，劈波斩浪，驶向世界的汪洋。1898年，中国第一个海洋气象观测台站——青岛观象台在青岛设立；1930年，中国第一份海洋科技杂志《青岛观象台海洋半年刊》在青岛创办；1946年，中国高校第一个本科水产系在青岛设立；1958年，全国海洋普查在青岛拉开序幕；1959年，中国第一所海洋高等学府——山东海洋学院在青岛成立……伴随着新中国发展的脚步，一所所海洋科研机构相继在青岛建立，奠定海洋科技创新之基；一批批英才俊杰在胶州海湾聚集，谱写着彪炳史册的蓝色华章；一个个海洋战略在青岛实施，绸缪着冲云破雾的蓝色跨越。回首海洋事业的不朽功绩，展望海洋未来的康庄大道，在无愧的岁月中更加心潮澎湃。我们相信，新一代的海洋科技工作者，将依托雄厚的科学储备，发扬海纳百川的科研精神，为青岛这座美丽的城市再创蓝色辉煌，谱写新时代更加壮丽的陆海交响乐章。

近代中国海洋科技发祥地

中国作为一个沿海国家，在旧石器时期，沿海就出现了人类活动。"涛之起也，随月盛衰。""潮者，据朝来也；汐者，言夕至也。"古代人们就已经对海洋有了萌芽认识。海洋科学，对中国来说是一门既古老又陌生的科学，它从远古时期姗姗走来，到近代被人们所认识。直至19世纪末，我国的海洋科学研究从青岛正式起航。青岛，作为近代海洋科技的发祥地，聚集了众多的海洋科研机构与高校，被誉为海洋科学之城，是我国海洋科学事业发展的出发地。

1898 年建立的青岛观象台

一砖一瓦皆旧事，一池一城总关情。青岛观象台，矗立于黄海之滨、胶州湾畔、观象山巅，跨越了从战火纷飞到车水马龙的百年世纪。在动荡与变幻的岁月中保留着恒久的信念和希望，在喧嚣与繁华中蕴藏着内在的深邃与恬静。作为中国第一个海洋气象观测台站，青岛观象台不仅是我国近代天文事业的发祥地，也是中国海洋科学研究的起点。

青岛观象台旧址

1897 年，德国借"巨野教案"，派兵侵占胶州湾。1898 年，德国将山东划作自己的势力范围，青岛也随之陷入暗淡的历史。1898 年，为服务其舰艇活动并发展航政，德国海军港务测量部在青岛馆陶路 1 号建立了简易的气象天文测量所，除观测天文外，还用于搜集华北地区的气象、地震、地磁等方面的数据资料。1905 年，观象台迁至现今的青岛观象山公园内，并改称"皇家青岛观象台"。观象台内建有 2 幢德式楼房、14 栋中式平房、2 座圆顶天文观测室。我国最早的气象资料很多都收藏于此。1914 年第一次世界大战中，日军打败德军，并抢占了青岛观象台。直至 1924 年 2 月，以蒋丙然先生为首的接收组代表中国北洋政府从日方手中接管了观象台。1937 年日本再度侵占观象台，抗战胜利后归还中国。

青岛观象台虽由德国人建立，两度日占，

但近代天文工作的奠基与开拓主要是在中国接管之后，由国人自己发展起来：1924年，青岛观象台开创了自己的时间服务系统；1925年，开创了现代太阳黑子的观测和研究，积累了中国第一批现代太阳黑子观测资料……我国的近代天文事业也进入了自主发展阶段。

青岛观象台天文圆顶观测楼

青岛观象台不仅是我国现代天文事业的发祥地，也是中国的现代海洋科学研究发轫之处。1927年，戏剧家、海洋学家宋春舫登上了青岛的观象山，找到了时任观象台台长的蒋丙然先生。宋春舫想要在青岛从事海洋科学研究，建立海洋研究所，蒋丙然理解并接纳了这一建议。但考虑到青岛观象台的现状，蒋先生认为应先设立海洋科，再在原有观测海洋潮汐与海洋水文的基础上，开展海洋调查与研究工作。在宋春舫、蒋丙然先生的推动下，青岛观象台于1928年11月设置了海洋科，成为中国现代海洋科学的第一个综合研究机构，拉开了我国海洋研究的序幕。宋春舫担任首任海洋科科长，他从国外采购了大量海洋仪器和相关书籍，出版了国内第一份海洋科学刊物《青岛观象台海洋半年刊》，吸纳并培养了很多有志于海洋科学的青年人。蒋丙然先生也很重视海洋科的研究成绩和相关海洋研究书籍资料。凡是取得成绩的都公布于众，例如，将《胶州湾潮汐之研究》《胶州湾海水温度》等论文翻译成英文，送到第五次太平洋科学会宣读，以此扩大国际影响并交换相关的图书资料。至1933年，青岛观象台中与海洋学相关的图书已有百余种，为中国海洋科学的研究和发展奠定了坚实基础。

蒋丙然（右二）与青岛观象台的同事们

在蒋丙然与宋春舫的引领下，青岛观象台海洋科的工作全面而有序地开展起来：测量每日前海及大港海水的表面温度，观测记录潮汐涨落的数据；通过统计历年的潮汐记录，绘制候潮曲线，编制潮汐预报表，赠予船舶军舰及相关机关，以便更好地服务于渔业及航运。自1929年开始，青岛观象台借用警察局的巡逻艇，每月测量胶州湾、近海一带海水的各层水温、流速与海流方向，并采集海水与海底沉积物。1930—1936年，青岛观象台经过几年的发展，积累了一定的测潮经验和潮汐资料，主持开展了4次海洋调查。此外，青岛观象台还针对青岛地区海洋生物的分布组织了多次调查，发现了多种藻类、鱼类等海洋生物的新物种，总结了其大致分布规律。观象山边，日升月落，老一辈的科技工作者在中国海洋科学研究的发祥地辛勤点亮了星夜的光辉，取得了中国近代海洋气象史上一个又一个具有里程碑意义的成就。

海洋生物学教育与科研的发源地

我国近代海洋学教育的开始可以追溯到国立青岛大学的成立。1928年，私立青岛大学停办。北伐战争结束后，南京国民政府教育部决定在原私立青岛大学基础上，将在济南的省立山东大学东迁青岛，筹办国立青岛大学。1930年，国立青岛大学正式开办，由杨振声任校长。杨振声在分析研究了青岛的地理环境、自然优势及城市区位等特点的基础上，开创性地提出要在国立青岛大学增设海边生物学、海洋学、气象学等与海洋有关学系的设想，致力于将国立青岛大学建设成为"海边生物学研究之中心"。建校伊始，国立青岛大学就正式在理学院中设立生物学系，在此基础上还开展了与海洋水产密切相关的学术演讲活动，使国立青岛大学成为我国海洋生物学教育与科研的发祥地之一。

杨振声雕像

生物学系设有海洋生物学实验室、海藻学研究室、鱼类学研究室，课程包括海洋学、鱼类学等，在之后的两年中举办了10余次学术演讲会，其中的"水生植物之形态""青岛之鲨鱼""海洋原生动物谱""青岛之渔业"等学术演讲都有着鲜明的海洋水产特色。1932年，国立青岛大学改名为国立山东大学，赵太侔先生任校长。赵太侔也同样强调建设与发展涉海学科的重要性，建立了生物系教育与科研大楼和最早的海洋生物标本室，其中海洋生物标本种类、数量繁多，使国内各大学开展海洋生物学研究成为可能。与此同时，国立山东大学还相继取得了若干与海洋、水产密切相关的学术研究成果，如林绍文的《中国十字水母之研究》、曾呈奎的《海南岛海产绿藻之研究》等。

国立山东大学以海边生物学为特色设立的生物学系成为后来很多涉海高校特色学科的源头。国立山东大学以海边生物学为基础，通过不断探索，逐步完善高校中的海洋专业教学，形成了培养各类海洋科学人才的专业教育体系，为中国海洋科学教育积累了丰富的经验，推动了中国海洋科学的发展与进步，也为国立山东大学的海洋、水产等特色学科

独步国内、享誉国内外奠定了坚实的基础，在青岛发展成为著名的海洋科技与教育城中起到了促进作用。

中国高校第一个本科水产系

20世纪初期，我国的水产事业一直处于落后状态，一些有远见的学者注意到了水产学科发展与水产人才培养的重要性，开始着手创办培养高水平水产科技人才的机构。1946年春，停办的国立山东大学在青岛原址复校，赵太侔先生再任校长。他在《本校校庆典礼校长致词补志》中进一步强调了国立山东大学发展海洋水产为社会服务的办校理念。经过综合筹备，国民政府教育部批准国立山东大学创办水产系，隶属于国立山东大学农学院，是国立山东

赵太侔

大学的重点院系之一，设渔捞、养殖、加工三个专业，学制为四年，是中国第一个有规范专业设置的大学本科水产学系。国立山东大学设立水产系，为之后水产学科的发展、水产人才的培养和水产事业的进步都奠定了基础。

1946年秋季，国立山东大学恢复招生，首届报考水产系的本科生达400多人，共招收50余名学生。12月23日，国立山东大学水产系正式开课，开创了我国水产教育的新局面。早期的水产教育主要以日本模式为样板，很多学科负责人和老师都是日本留学归国人员。1947年，朱树屏先生以借聘的形式担任国立山东大学水产系主任，同时制定发展规划，聘请王贻观、王以康等人来水产系任教，使当时国内唯一本科制教学的国立山东大学水产系初具规模。1948年5月，为更好地促进中国水产事业的发展，夯实水产研究和教育的基础，南京国民政府批准了国立山东大学设立水产研究所的申请。同年，水产研究所就渔捞学、水产生物、水产化学、水产生理学、鱼类学等学科组织了首批研究生招生考试，为培养高水平的水产学科研究人才做好了

国立山东大学校门

准备。

1951年，山东大学与华东大学合并，定名为山东大学。1953年，山东大学制定了"专业教学，培养师资，整顿纪律，提高质量"的目标，以现有师资与设备条件为基础，设置10个专业，其中水产系设置水产专业，开设水产动物学、无脊椎动物学、海藻学、经济海产学、鱼类学、浮游生物学等课程。为此，学校还相继设立了水产通论教研组、水产加工教学小组、渔捞渔具教学小组与航海船艺教学小组等，促进了水产系教学与科研工作的开展。1956年，水产养殖专业开始招收新生，学制改为五年。至此，再经一系列调整，水产系实力增强，办学条件明显改善，为教学科研全面发展奠定了基础。

山东大学水产系共培养了毕业学生

200 余名，其中很多人后来成为我国水产行业的骨干和国内外有影响力的专家学者，为中国的海洋科学事业做出了巨大贡献。这期间，水产系对胶州湾进行了基础性调查、水产资源调查等，完成了 22 个科研项目，不仅为我国海水养殖事业发展提供了基础数据，还指明了探索方向。山东大学自建成以来，以国家和地方的需求为己任，致力于培养高层次水产学科专门人才，所设立的具有规范专业性设置的大学本科水产学系，为中国的海洋教育做出了良好示范。

中国第一所海洋高等学府

国立山东大学设立海洋系与海洋研究所的设想，拉开了海洋学科系统建设的帷幕。1946 年 12 月，国立山东大学对成立海洋研究所进行了比较详尽的规划，校刊"复校纪念专号"中的《动、植物系及海洋研究所概况》写道："依据青岛地理、气候与当前形势的特点，拟在湛山附近的海滨处，建一所规模较大的海洋研究所。拟在所内分为理化、生物二部。" 1947 年 2 月，国民政府教育部正式批准国立山东大学设置海洋学系与海洋研究所的规划。由于一些原因，海洋系并未成立，但海洋研究所得以设置。国立山东大学海洋研究所成为青岛乃至全国海洋研究机构的先驱之一。动物系主任童第周被聘为海洋研究所所长，植物系主任曾呈奎为副所长。

1952 年 9 月，依据华东高校院系调整委员会讨论决定，厦门大学海洋系理化组唐世凤教授等 3 名教师和 18 名学生调入青岛，与山东大学海洋研究所合并，成立了山东大学海洋系。赫崇本先生为首任海洋系主任，他积极推动海洋系学科建设。1952 年，他牵头设立物理海洋学专业，这是我国首个以开展海洋调查为目标的专业，为我国海洋科技人才的培养奠定了基础。1957 年设立海洋气象学专业，赫崇本先生亲自讲授海流、潮汐、海浪等课程。海洋系自建立之初，就发展迅速。1957 年海洋系的研究经费占到了当年全校科研经费总数的 40%，由此可见山东大学对海洋学科的重视与海洋系发展的良好势头。与此同时，师资队伍与教学组织的建设也不断加快，使海洋系很快就成为中国培养海洋科技领域高层次专门人才的摇篮。

海洋系在 1952—1958 年间，历经奠定基础、巩固发展和教学整改三个阶段，取得了卓越成就。1954 年，海洋系陆续开展海上调查实习；1957—1958 年，海洋系参加了我国首次大规模的渤海同步观测；1958 年 9 月，原海洋系的近百名师生参加了历时两年的全国海洋综合调查，为山东大学海洋系乃至我国海洋事业的发展都做出了重大贡献。六年间，海洋系培养了五届毕业生，共 100 余人，很多成为我国海洋事业的骨干，为中国现代海洋科学全面、系统、规模化的发展奠定了扎实基础。

1958 年 10 月，山东大学主体迁往济南，其海洋系、水产系、地质系、生物系的海洋生物专业等留在了青岛。1959 年 3 月，经中共中央批准，中国第一所海洋高等学府——山东海洋学院成立。1988 年，学校更名为青岛海洋大学；2002 年，改称中国海洋大学。

山东大学校门

山东海洋学院校门

海洋科教机构云集

　　海洋科教机构是源头创新的主力军之一，在国家海洋科技创新发展中占据重要地位。青岛作为"一带一路"建设中新亚欧大陆桥经济走廊的主要节点城市和海上合作战略的支点城市，是中国著名的海洋科技城。这里集聚了全国1/5的涉海科研机构，1/3的部级以上涉海高端研发平台，近1/3的涉海两院院士。近年来，青岛市确定了"高校系、中科系、央企系、国际系"四条支撑系的研发机构引进政策。青岛始终坚持以创新引领海洋发展，集聚国际一流的海洋科研机构、人才和要素，为打造世界级海洋科创中心奠定了扎实的基础。

青岛涉海高校

如今的青岛不仅是集聚海洋人才的高地，更是孕育海洋人才的"摇篮"。青岛涉海高校秉承培养优秀海洋科研人才、积淀丰硕科研成果的理念，海洋教育质量已达到全国领先水平，为建设海洋科技领军城市、打造未来海洋科技发展的新高地，奠定了坚实的人力资源基础。海洋教育作为海洋事业发展中最根本的部分，对提升国民海洋意识、储备未来海洋人才有着重要意义。青岛涉海高校与其他海洋科研机构一同为青岛经略海洋奠定坚实基础、提供强大的后备力量。

中国海洋大学 中国海洋大学是一所海洋和水产学科特色显著、学科门类齐全的教育部直属重点综合性大学。学校的海洋科学和水产科学是一级学科国家重点学科，物理海洋学、海洋化学、海洋生物学、水产养殖等学科是二级学科国家重点学科。截至 2020 年 9 月，中国海洋大学毕业生中已有 14 人当选中国科学院或中国工程院院士，3 人先后担任国家海洋局局长，参加中国第一次南极考察的 75 位科学家中一半以上是学校毕业生。近几年来，平均每年近一半的毕业生选择留在青岛就业创业。他们扎根青岛，经略海洋，成为青岛建设国际海洋名城的生力军。

同时，中国海洋大学拥有三艘教学科学考察船舶，分别为 5000 吨级新型深远海综合科考实习船"东方红 3"号、3500

中国海洋大学崂山校区

吨级海洋综合科学考察实习船"东方红2"号、300吨级的科考交通补给船"天使1"号。三艘考察船舶如同纽带，将近岸、近海至深远海联系起来并辐射至极地，形成了海上综合流动实验室系统，具备一流的海上现场观测能力。中国海洋大学还是青岛海洋科学与技术试点国家实验室的主要依托单位，负责"海洋动力过程与气候""海洋药物与生物制品"两个功能实验室的工作，并作为骨干力量参与其他六个功能实验室的建设，为海洋事业发展做出了重要贡献。

中国科学院大学海洋学院　中国科学院大学海洋学院既是中国科学院大学直属二级学院，又是一个产学研创等方面的融合性平台，也是中国科学院大学第一个签约并启动基本建设的京外科教融合学院。海洋学院遵循中国科学院大学"科教融合、协同育人、创新实践、服务社会"的教育理念，通过科教融合的新机制，凝聚海洋科学领域的优势科研力量，重视联合科研和技术转移，探索创新多元培养模式，为我国海洋事业培养"国际化、创新型、复合型"的高层次人才，带动海洋领域的创新，为产业发展提供强有力的支撑。

中国科学院大学海洋学院

山东大学（青岛） "百年山大，重回青岛。"为了实现新的办学目标，山东大学提出在青岛建设新校区，构建"山东大学系统"的目标。2012年3月，山东大学青岛校区建设奠基典礼举行。校区选址于鳌山湾畔的即墨市鳌山卫镇（今青岛市即墨区鳌山卫街道），位于"蓝色硅谷"核心区。山东大学秉承"统筹布局，一体发展"的办学方针与"着眼高端、集群发展、拓展空间、增量发展"的发展原则，在青岛校区构建海洋学科、环境学科、生命学科等板块，并将蓝色经济区发展研究院、海洋研究院等科研机构迁至青岛校区发展。

山东大学（青岛）特色是侧重为有山东地域优势的海洋经济、蓝色产业服务，重点发展新兴高新学科。依据国家"海洋强国"的发展需要，积极开发海洋能源与海洋装备，发展海洋生物与医药新兴产业、现代海洋渔业，推进"海上粮仓"建设。山东大学（青岛）将与众多涉海高校一同将青岛打造成为海洋人才的摇篮、海洋科技的沃土。

山东大学（青岛）

中国石油大学（华东） 中国石油大学（华东）被誉为"石油科技、管理人才的摇篮"。学校是石油石化行业科学研究的重要基地，在基础理论研究、应用研究等方面具有较强实力，现有重质油国家重点实验室、海洋物探及勘探设备国家工程实验室等众多国家及省部重点实验室和研究机构。

2019 年，中国石油大学（华东）对部分学科、学院进行调整，成立新能源学院、海洋与空间信息学院，以加快新能源、海洋、信息等学科布局与建设，升级相关通用基础学科，推进学校学科布局优化，并更好地发挥学校在青岛办学的区位优势，服务地方经济发展。

中国石油大学（华东）

青岛科技大学 青岛科技大学是一所以多学科协调发展、特色鲜明的大学。2016 年，青岛科技大学为积极响应青岛市建设"一谷两区"、大力发展海洋战略的重要举措，整合化学院海洋系和化工学院轻化系、生物系，应时成立以海洋资源、生物质能源、生物质材料等天然、绿色能源、材料研究开发为特色的海洋科学与生物工程学院，从此揭开了青岛科技大学迈向深蓝发展的崭新篇章。

海洋科学与生物工程学院依托生态化工国家重点实验室培育基地、山东省生物化学工程重点实验室、青岛市核酸快检工程研究中心和国家级教学示范中心和模拟中心，旨在建设以食品安全、海洋资源开发利用、生物质能源、生物质材料研究开发为特色的高起点、理工科教学研究型学院。

青岛科技大学崂山校区

青岛农业大学 青岛农业大学肇始于1951年创立的莱阳农业学校。其海洋科学与工程学院始于2002年成立的水生生物与工程系，其前身为1993年成立于动物科技学院的海珍品养殖专业。学院设有水产养殖学、海洋资源与环境、水族科学与技术、水生动物医学4个本科专业，及水产学一级学科硕士点与渔业领域农业推广硕士点。其中水产养殖学专业是山东省应用型特色名校重点建设专业，和山东省一流专业立项建设专业，为山东半岛蓝色经济区建设提供了人才和技术支撑。

近几年来，学院不断取得海洋领域成就，共承担国家948项目、国家自然科学基金等项目60余项；其科研平台的建设也不断取得新突破，获批山东省水产动物免疫制剂工程研究中心1个、青岛市贝类遗传育种工程研究中心1个，新增山东省近海大型植被与濒危物种生态修复协同创新中心1个。学院入驻蓝谷校区后，积极与周边高校和科研院所加强合作、实现资源共享，为海洋学子创造了全国一流的学习科研条件，将全面提升学院的学科发展水平和人才培养水平，实现学院的跨越式发展。

青岛农业大学蓝谷校区

青岛黄海学院 青岛黄海学院创建于1996年，坐落在国家级新区——青岛西海岸新区核心位置，是一所办学特色鲜明的综合性本科高校。学校着力培育与打造亮点特色专业，其中船舶与海洋工程等5个专业成为山东省民办本科高校的优势特色专业支持计划项目，船舶与海洋工程为青岛市重点培育学科。

黄海学院开设了船体结构与制图、船舶原理、船舶材料与焊接、船舶建造工艺、计算机辅助船舶建造等课程。与此同时，结合蓝色经济区的发展规划与教学发展方向，不断完善和推进核心课程的发展，加大教学方法的研究和改革力度，使船舶工程技术核心课程的建设能够动态发展、不断深化，为青岛海洋科技的发展提供了船舶工程技术专业人才。

青岛黄海学院

青岛远洋船员职业学院 青岛远洋船员职业学院成立于1976年，前身为青岛海运学校，是一所高等职业院校。学院共设有航海系、船舶与海洋工程系、物流与航运管理等6个系部。自学院建成以来，通过实施"企业订单式""现代学徒制"等人才培养模式，与国内外百余家知名航运企业开展产学研合作。学院还拥有国际先进水平的航海操纵模拟器与国内领先水平的轮机模拟器等先进设施、国内首家船用主机电喷二冲程柴油机实训室，及其他各类实训室100余个。

在学历教育、在职培训的"双轮驱动"的办学方针下，青岛远洋船员职业学院创设了 10 余个受到企业高度认可的船员培训品牌，获得了海船船员培训等 39 项国际认可的证书培训资质，培训项目近 150 个，年培训能力 30000 余人次，先后有 60 余项科研成果获得中国航海科技奖等上级科研奖励。

青岛远洋船员职业学院

青岛港湾职业技术学院 青岛港湾职业技术学院于 1975 年建校，是一所国有公办的全日制高等职业院校。学校充分发挥青岛西海岸新区、古镇口军民融合示范区独特区位优势，始终坚持"融入海洋战略，服务港航物流，培养优秀人才"的办学理念，积极开展学历教育与职业技能培训，形成了"以港航物流专业为基础，以服务区域经济为支撑"的专业建设格局。学校依据港航业及区域经济的发展需求，开设了港口业务、航海技术等八大专业群、30 多个专业，现有国家级、省市级重点及品牌专业（群）20 余个。

青岛港湾职业技术学院不断提升核心竞争实力，全力打造海洋"新蓝领"，为海洋经济提供了蓝色人才支撑。学院发挥"校港一体"的体制机制优势，实现了"学习工作化、实训实境化、学生职业化"，强化了学校的专业特色。

青岛港湾职业技术学院

篇三　海洋科技　振兴青青之岛

国家级科研院所

依海而生，凭海而兴。青岛的地理区位得天独厚，拥有丰富多彩的海洋资源。在加快建设海洋强国、共同构建海洋命运共同体的战略中，勇担"科创大脑"，承载着中华民族经略海洋的宏大目标。随着多家国家级海洋科研院所相继落户，青岛日益成为"中国推崇、世界知名"的海洋科技城，形成了国际领先的海洋科技创新集群，也成为了海洋力量高效聚集的新载体。

中国科学院海洋研究所　中国科学院海洋研究所始建于 1950 年 8 月，是新中国第一个专门从事海洋科学研究的国立机构，也是我国海洋科学研究的重要基地。研究所自建立以来进行了大量奠基性和开创性工作，为发展我国海洋基础研究领域做出了巨大贡献。研究所设有实验海洋生物学、海洋生态与环境科学、海洋环流与

中国科学院海洋研究所

波动、海洋地质与环境、海洋环境腐蚀与生物污损 5 个中国科学院重点实验室以及海洋生物分类与系统演化实验室、深海研究中心，建有国家海洋腐蚀防护工程技术研究中心、海洋生态养殖技术国家地方联合工程实验室、海洋生物制品开发技术国家地方联合工程实验室 3 个国家级科研平台，并牵头组建了青岛海洋科学与技术试点国家实验室的 2 个功能实验室，是目前我国规模最大、综合实力最强的综合海洋研究机构之一。中国科学院海洋研究所在我国海洋科技主要领域的研究和发展中做出了巨大贡献，取得 1900 余项科研成果，授权发明专利 1680 余项，共发表论文 14000 余篇，出版专著 280 余部。

21 世纪以来，中国科学院海洋研究所紧密围绕国家"一带一路"倡议，积极进行先导性研究，致力于研发深海技术装备、建设深海研究体系、探索深海极端环境与战略性资源等项目。并且，中国科学院海洋研究所派出以中国目前最先进的海洋综合考察船"科学"号为代表的科考船队，承担了很多重要的海洋科学考察航次任务，获取了丰硕成果，深海探测技术及科学研究取得的一些重大突破，让我国有了真正走向深海大洋的实力。同时，以近海至深海，南海至西太平洋再至印度洋的科学考察研

中国海洋名城——青岛

究为基础，中国科学院海洋研究所与"一带一路"倡议沿线国家建立了密切的合作关系，为建设海洋强国提供了有力的科技支撑。

自然资源部第一海洋研究所 原国家海洋局第一海洋研究所于 2018 年并入自然资源部，更名为自然资源部第一海洋研究所，是主要从事基础研究、应用基础研究和社会公益服务的综合性海洋研究所。研究所以促进海洋科技进步、服务海洋资源环境管理和海洋经济发展为宗旨，是国家科技创新体系的重要海洋科研实体。主要研究领域为中国近海、大洋和极地海域自然环境要素分布及变化规律，包括海洋资源与环境地质、海洋灾害发生机理及预测方法、海气相互作用与气候变化、海洋生态环境变化规律和海岛海岸带保护与综合利用等。

建所 60 余年来，自然资源部第一海洋研究所已发展成为国内外知名的海洋科研机构，拥有近 600 人的科学研究、技术支撑和业务管理队伍；设有 8 个主要学科领域，涉及海洋科学 30 余个研究方向；牵头组建了青岛海洋科学与技术试点国家实验室的 2 个功能实验室，建有 5 个部级重点实验室、9 个国际科技合作机构。拥有两艘国际领先的大洋级海洋科学综合考察船及国际一流水平的海洋调查测量设备、实验测试设备和科研辅助设施；参与并完成了一大批国家重大海洋专项、973 项目、863 计划项目、国家科技支撑项目、国家自然科学基金项目、国际合作项目和海洋开发项目，为我国海洋科学事业的发展和海洋经济建设做出了突出的贡献。

自然资源部第一海洋研究所

中国水产科学研究院黄海水产研究所

中国水产科学研究院黄海水产研究所是我国成立最早的综合性海洋渔业研究机构。前身为 1947 年成立于上海的"农林部中央水产实验所"，1949 年 9 月迁至青岛。黄海水产研究所是青岛海洋科学与技术试点国家实验室理事单位之一，牵头建设海洋渔业科学与食物产出功能实验室，共建深蓝渔业工程联合实验室；拥有海水养殖装备与生物育种技术国家地方联合工程研究中心（青岛）、国家水产品质量监督检验中心等国家级科研平台，拥有"蓝海101"号、"北斗"号、"中渔科 101"号和"中渔科 102"号等 4 艘海洋渔业科学调查船；建有海洋渔业科学研究中心（琅琊基地）、水产遗传育种中心（即墨基地）和鲆鲽鱼类遗传育种中心（海阳基地）等 3 个科研基地；拥有建筑面积 20000 多平方米的国内第一个国家级海洋渔业生物种质资源库。

黄海水产研究所首次提出"水产农牧化"的科学思想，开创我国北方人工鱼礁的建设与发展；开拓了中国海洋生态系统动力学和大海洋生态系研究，为中国渔业科学、海洋科学和生态系统水平海洋管理基础研究进入世界先进行列做出了突出贡献。黄海水产研究所唐启升院士率先提出了"碳汇渔业"新理念；完成首个比目鱼类全基因组测序和精细图谱绘制，为我国在水产基因组学技术领域领跑世界奠定基础；建立的多营养层次综合养殖模式（IMTA）引领世界海水养殖业可持续发展的方向；为《关于加快推进水产养殖业绿色发展的若干意见》等国家文件的形成提供基础性支撑。

"蓝海 101"号海洋渔业科学调查船

中国科学院青岛生物能源与过程研究所

中国科学院青岛生物能源与过程研究所于 2006 年 7 月由中国科学院、山东省人民政府、青岛市人民政府共同启动筹建，2009 年 11 月通过验收并成为中国科学院"知识创新工程"管理序列之一的国立科研机构。

研究所的微藻生物技术研究组应用生物化工手段解决微藻生物能源产业化过程中的培养、加工过程科学基础与关键技术问题，为构建微藻能源、化学品生产技术体系提供技术支撑。研究方向包括藻种选育与生理特性、微藻培养方法与工艺、藻细胞采收与提油技术等。

海洋碳汇与能源微生物研究组聚焦微生物海洋学过程与机制、微生物资源挖掘以及海洋生态环境与碳汇研究。微观尺度探索海洋藻—菌—病毒间互作关系及其驱动的海洋碳循环、海洋能源微生物资源与噬菌体药物资源挖掘等；宏观尺度关注近海环境问题（如除草剂污染、浒苔绿潮等）及其生态效应，开发海洋低碳与清洁能源技术，应对气候变化，保护海洋生态环境。

中国科学院青岛生物能源与过程研究所

中国科学院声学研究所青岛分所暨北海研究站 中国科学院声学研究所青岛分所暨北海研究站始建于 1961 年，隶属于中国科学院声学研究所。建站以来，青岛分所在水声学、水声工程、声学仪器研制、噪声振动控制、声学实验技术、信号处理等领域开展了独具特色的基础理论和应用研究工作，为水声工程海上试验和应用声学研究提供了极具成效的技术支持和科技保障。研究站设有水下噪声研究室、水声实验技术研究室、近岸安保研究室、水声换能器与测试技术研究室等研发单元，配备有国内先进的实验设施与配套测试系统，形成了可为声学领域科学研究、产品研发、性能测试、质量认证等提供一站式服务的综合系统。

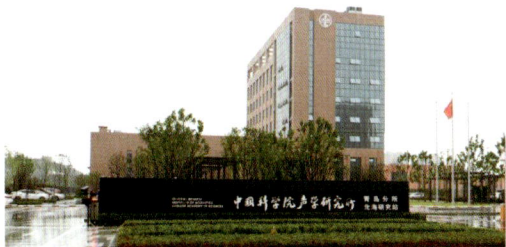
中国科学院声学研究所青岛分所暨北海研究站

近年来，研究所主持了多项国家科技预研项目、863 项目、973 项目等多种基金课题项目，多次获得科技成果奖。在新时期，研究所紧紧围绕国家战略需求，将大力开展海洋声学技术与装备、声与振动控制的研究及相关产品的研发，打造在海洋声学领域有重要影响力与显示度的研发与产业化示范基地，成为科技成果转化与产业化发展的新引擎。

青岛海洋地质研究所　青岛海洋地质研究所 1963 年于南京始建，1979 年于青岛重建，是海洋地质领域的专业调查研究机构，隶属于自然资源部中国地质调查局。青岛海洋地质研究所主要承担国家基础性、公益性海洋地质调查与研究任务，坚持以海洋基础地质、海岸带综合地质、天然气水合物地质、海洋油气地质、深海地质、数字海洋地质为特色的六大专业领域作为特色发展方向，不断推动海洋探测技术、数据处理技术、测试分析技术、海洋信息技术等领域发展；为开发中国海洋矿产资源、建设国家海防、维护海洋权益、保护海洋环境等方面都提供了科学技术保障。目前，青岛海洋地质研究所东部基地建设工作即将全面竣工；"海洋地质九号"船奔赴大洋，已圆满完成深远海地质调查任务；天然气水合物钻采船（大洋钻探船）和码头建设也进入新阶段。

青岛海洋地质研究所用科技创新改造、支撑、引领海洋地质调查研究，抢占制高点，实现跨越式发展，形成海洋地质事业新局面。青岛海洋地质研究所承担并完成了多个国家专项、国家重大的地质调查和研究项目，推动了研究所学科发展、人才培养及科技基础条件保障建设。在此基础上，青岛海洋地质研究所面向国家战略需求与海洋科技发展前沿，在科技创新、体制机制改革、科技平台建设等方面进行了有益的探索和积极实践，实现了快速发展，地调科研实力全面提升。青岛海洋地质研究所目前已获得 ISO 9001 质量管理体系认证，具有地质勘查—海洋地质调查甲级资质、水文地质工程地质环境调查乙级资质，各项工作均取得显著成效，获得社会与业界对其能力和水平的认可。青岛海洋地质研究所自创建至今，已取得科研成果 2000 余项，获省部级以上奖励的科技成果 100 余项。除科研成果外，还拥有一系列专利授权 300 余件及软件著作权 100 余件。青岛海洋地质研究所始终不忘初心、牢记使命，不遗余力，不断做出新贡献、创造新辉煌，推动海洋地质调查事业在新时代迈上新台阶。

青岛海洋地质研究所

青岛海洋科学与技术试点国家实验室

青岛海洋科学与技术试点国家实验室由国家部委、山东省、青岛市共同创建，是国家海洋科技创新体系的重要组成部分，于2015年6月试点运行。国家实验室聚焦国家长远目标和重大需求，以开展基础前沿研究为目标，以不断突破世界前沿的重大科学问题为牵引，重点汇聚青岛优势单元力量组建8个功能实验室。以国家战略需求为导向，以海洋战略性前沿技术体系构建与自主装备研制及产业化为目标，汇聚国内优势力量，已建成5个联合实验室，在建3个联合实验室。围绕瞄准国际科技前沿、率先形成先发优势的目标，面向国内院士和国际顶尖科学家及其团队建设开放工作室，引领开展颠覆性技术创新，已组建5个开放工作室。

青岛海洋科学与技术试点国家实验室稳步推进大型科技基础设施建设，高效共享各类大型科研仪器设备，为科研人员提供优质科研条件，为科学研究提供支撑服务。已建成深远海科学考察船共享平台、海洋创新药物筛选与评价等平台，正在建设海洋高端仪器设备研发平台、海洋分子生物技术公共实验平台、海洋能研发测试平台。青岛海洋科学与技术试点国家实验室大力实施国际化战略，促进了海洋科学技术合作交流与知识经验分享，推动了全球海洋科学技术合作发展。

青岛海洋科学与技术试点国家实验室

篇三 海洋科技 振兴青青之岛

省属科研院所

拓展蓝色空间，重视海洋发展，是山东省谋求新发展的重要举措之一。山东省政府始终遵照党中央要求，坚持从省情出发，以建设现代化海洋产业体系为目标，构建"龙头引领、湾区带动、海岛协同、半岛崛起、全球拓展"的总体格局，大力推动省属海洋科研机构发展，为建设山东海洋强省保驾护航。在新的历史起点上，山东省正满帆前行，谱写着陆海统筹、以海强省的辉煌篇章，为建设海洋强国贡献着山东力量。

山东省科学院海洋仪器仪表研究所

山东省科学院海洋仪器仪表研究所始建于1958年，主要从事海洋环境监测领域的基础研究、应用基础研究、关键共性技术研究及相关成果转化。以海仪所为依托，建有国家海洋监测设备工程技术研究中心、国家海洋仪器装备国际联合研究中心、国家海洋监测设备产业技术创新战略联盟和国家海洋高技术领域成果产业化基地4个国家级创新平台；山东省海洋监测仪器装备技术重点实验室和山东省海洋监测设备工程实验室2个省级平台；山东省科学院海洋光学重点实验室1个校（院）级平台。

建所几十年来，海仪所一直从事海洋监测技术研究和产品开发工作，目前形成了移动观测平台、传感器研发平台、海洋技术平台、海洋生态监测平台、物理海洋平台、公共基础平台和横向服务平台等7个创新平台，船舶气象技术、海洋台站技术和海洋浮标技术等3个专业技术研究室，高端海洋仪器与传感器加工制造中心和计量测试中心等2个保障中心。围绕智慧海洋的观测、监测、探测等领域，以海洋核心传感器、智能浮标潜标、智慧海洋信息处理技术为重点，形成了海洋科学、仪器科学与技术、控制科学与工程三大学科，建成了从岸基、近海到深海大洋，从空中、水面、水下到海底的立体观测研究体系；形成了从技术研究、成果转化到产业化生产为一体的研发、转化、生产链条。

山东省科学院海洋仪器仪表研究所研发的10米大型浮标

山东省海洋经济文化研究院　山东省海洋经济文化研究院原为山东社会科学院海洋经济研究所，成立于1981年，是我国成立最早的海洋经济专业研究机构，具有海洋人文社科多学科优势，综合实力较强，在国内外海洋人文社科研究领域具有较高知名度。山东省海洋经济文化研究院业务职能主要涵盖海洋区域经济、海洋产业经济、海洋文化产业等专业的理论探索、战略科学规划与政策研究，积极开展国内外的学术交流，为相关部门提供培训、咨询服务等，以及定期出版海洋特色刊物《中国海洋经济》和《蓝色经济》。

2009年山东半岛蓝色经济区建设启动以来，研究院主持或参加了多项重大课题的研究，主要有"山东半岛蓝色经济区建设概念规划研究""山东半岛蓝色经济区海陆统筹建设研究""蓝色经济研究""山东半岛蓝色经济区战略研究"等。同时，承担完成了多个沿海地区的蓝色经济发展规划；完成国家社科基金项目"海岛旅游可持续发展模式研究""21世纪海上丝绸之路沿线港口供应链融合与绩效研究""一带一路战略背景下我国船舶工业供给侧改革研究"，出版《海岛旅游可持续发展模式》，

为我国海洋经济高质量发展海岛旅游资源的开发提供了重要参考，并完成"山东海洋强省建设研究""蓝色经济区与黄河三角洲高效生态经济区建设互动研究""山东省碳汇渔业发展战略研究""山东半岛蓝色经济区海陆统筹建设研究"等数十多项省社会科学规划研究项目。

山东省海洋经济文化研究院

山东省海洋生物研究院　山东省海洋生物研究院原为山东省海水养殖研究所，成立于1950年9月，设有藻类研究中心、游泳生物研究中心等九个专业研究部门，承担了海洋生物育种、增养殖、疫病防控、质量控制、高值化利用、渔业设施设备等技术研究项目，以及海洋生物种质资源的收集、保存、研究、利用等工作，还积极面向社会开展技术咨询、海洋科学知识普

及。研究院自建立以来，先后承担科研项目1000余项，取得科研成果近500项。其中，"海带筏式全人工养殖技术""石花菜营养枝筏式多茬养殖法""海带自然光育苗技术"等海洋科研成果，为创立与发展我国海藻事业做出了重要贡献，引领了我国海水养殖产业的第一次浪潮。另外，将筏式养殖、浅海底栖渔业增殖等技术应用于海水鱼类、刺参等增养殖产业中，有力地推动了我国海水养殖事业的可持续发展。

山东省海洋生物研究院

近几年，研究院承担重大科技项目的能力不断提升，作为依托单位承担了山东省现代农业产业技术体系的建设工作，借鉴国家贝类、海水鱼类等产业技术体系建设的经验，构建了多学科、多机构、多区域的科技联合平台，为山东省甚至全国的渔业产业健康发展提供了强劲的科技支撑。展望未来，研究院将紧紧围绕山东省海洋渔业发展需求，努力建构海水绿色养殖与海洋牧场，促进海洋渔业产业结构转型升级和新旧动能转换，为乡村振兴战略实施与海洋强省建设做出应有的贡献。

企业科研机构

青岛市注重强化海洋创新平台建设，提高海洋科技成果转化水平。企业作为四条研发机构主线之一，在政策持续投入和支持中，始终致力于海洋科学与技术领域创新发展，不断推动海洋产业转型升级，尽其所能配合高校系、中科系海洋科研机构，为实现活力海洋、和谐海洋、美丽海洋、开放海洋、幸福海洋添砖加瓦。

海洋化工研究院有限公司　海洋化工研究院有限公司是国家高新技术与创新型企业，主要从事海洋涂料、重防腐涂料、功能材料、胶粘剂等相关助剂的研发应用与经营生产，依托海化院建设有国家认定企业技术中心、海洋涂料国家重点实验室、海洋涂料及功能材料国家地方联合工程研究中心和化学工业海洋涂料质量监督检验中心。这些平台促进了海洋涂料等研发与质量监督检验的产业集群主体发展，突破了海洋涂料等研发的关键技术瓶颈，为行业技术开发及成果工程化提供了实验、检验环境，推动了行业的整体发展。

海洋化工研究院先后承担地方及国家重点科技攻关项目，攻关课题涉及舰船、海洋工程、兵器等重要涂层与功能材料，其技术与产品广泛应用于海运业、能源业、航空航天业等众多领域，科研成果水平国内领先，部分已达到国际先进水平，为我国船舶工业及国防事业的发展做出了重要贡献。

海洋化工研究院有限公司

青岛北海船舶重工有限责任公司　青岛北海船舶重工有限责任公司是中国船舶重工股份有限公司（中船重工）控股的大型造修船企业。凭借现代化的造船设施，北船重工尤其擅长建造超级油轮、大型散

青岛北海船舶重工有限责任公司基地

装货船、超大型矿砂船、集装箱船、超级FPSO 等海洋工程装备，以及大型、超大型舰船的总装建造。2016 年，先后与招商局和工银租赁累计签订 8 艘世界最大新一代 40 万吨超大型矿砂船建造合同，最后 1 艘于 2019 年交船。2017 年、2018 年，先后成功交付了世界规模最大、自动化程度最高的挪威首座大型半潜式智能养殖渔场和我国首座"深海智能渔场"，并抓住智能科技引领深海渔业养殖转型契机，新签多座智能化渔场建造合同，为开拓全球深海渔业养殖产业装备市场系列化、批量化研制打下坚实基础。

青岛明月海藻集团　青岛明月海藻集团有限公司始建于 1968 年，是一家以大型褐藻为原料提取海藻生物制品的高新技术企业。集团秉承"利用海洋资源　造福人类健康"的使命，坚持"经略海洋从一棵海藻

青岛明月海藻集团

做起，一棵海藻做成一个大健康产业"的发展主线，专注海藻活性物质的深度开发和应用，拓展出现代海洋基础原料产业、现代海洋健康终端产品产业以及海洋健康服务产业三大产业板块，规划建设了青岛明月海藻生物科技中心、青岛海洋生物产业基地、江苏大丰海洋生物产业基地、智利海藻资源开发基地，打造了"一个中心、三大基地"的产业空间布局。

集团拥有海藻活性物质国家重点实验室、农业农村部海藻类肥料重点实验室、国家地方工程研究中心、国家认定企业技术中心、博士后科研工作站、院士专家工作站等高层次科研平台，先后荣获国家 863 计划成果产业化基地、国家海洋科研中心产业化示范基地、国家创新型企业、国家制造业单项冠军示范企业、国家科技进步奖二等奖、中国工业大奖提名奖、中国纺织工业联合会

科学技术进步奖二等奖。

青岛聚大洋藻业集团　青岛聚大洋藻业集团有限公司成立于 2000 年 8 月，是集海藻国内养殖、国外采集、综合加工、综合利用为一体的海洋生物企业，是同时加工红藻、褐藻、绿藻、蓝藻的蓝色经济示范企业，是与国外大学共建联合实验室并引进泰山学者领军人才团队的科技型企业，是实现跨国并购的国际型企业。

公司以海藻综合加工为主，主要生产褐藻胶、卡拉胶、琼脂、海藻药用空心胶囊、药用辅料、藻酸丙二醇酯等产品，每个产品均有不同规格、档次的精制品、深精加工和

青岛聚大洋藻业集团

延伸产品，产品在肉制品、面制品、乳制品、饮料行业和医药行业广泛应用。公司是国家认定的企业技术中心、国家高新技术企业、国家海藻工业加工技术研发中心、国家级

海藻综合加工技术中心、国家技术创新示范企业，"聚大洋"商标获"中国驰名商标"。公司获批"国家级海洋牧场示范区"（第五批），获批建立山东省院士工作站、山东省博士后创新实践基地及山东省新旧动能转换行业（专项）公共实训基地。

青岛中科海水处理有限公司 青岛中科海水处理有限公司成立于1994年5月，是国内最早从事工厂化循环水产养殖系统研发、生产和服务的实业型高新技术企业，主要服务各大专院校、科研机构的水生物实验室、模式生物实验室以及水产养殖、育苗企业等。青岛中科海水处理有限公司与中国科学院海洋研究所、中国水产科学院黄海水产研究所、中国海洋大学等多家国内顶尖科研院所、高校达成长期合作，并组建联合研发中心。

为振兴我国水产业、推动海洋产业发展，青岛中科海水处理有限公司全力以赴促进水产养殖业向健康、环保、可持续发展的方向迈进，自主研发了具有世界先进水平的超集约养殖系统——"蟹公寓"（螃蟹室内立体循环水饲养系统）、室内循环水养虾系统、模式生物饲养系统，以及一系列具有自主知识产权的水产养殖水处理设备等产品。

"蟹公寓"

海洋科技
引领海洋事业

　　海纳百川求创新，奋楫扬帆获成果。随着共建"一带一路"倡议的提出、《全国海洋标准化"十三五"发展规划》的出台，海洋事业的发展越来越成为国家发展的重点，国家着重提升海洋开发、控制与综合管理能力，统筹海洋事业的全面发展。青岛市在各类政策的支持下，不断发挥人才聚集、技术研发的优势，不断创新校企合作模式、搭建海洋科技创新平台，取得了丰硕的海洋科技成果。在海洋创新科技的引领下，海洋高端设备与观测检验技术、海洋工程与新能源、海洋药物与海洋生物资源高值化利用、水产养殖与海洋生物技术等方面创新发展，推动了青岛市乃至中国海洋事业的长足进步。

搭建科技创新平台

科技创新平台是支撑海洋科技创新活动的重要载体与核心力量，在海洋事业发展中有着至关重要的作用。为加快青岛经略海洋步伐，青岛市从本市的科技和产业发展实际特点出发，出台了《青岛市科技引领城建设攻势作战方案（2019—2022年）》《青岛市技术创新中心建设工作指引》等创新平台管理办法，始终坚持将建设海洋科技创新平台作为发展重点，不断深入落实海洋创新驱动发展战略，积极探索科技创新服务平台建设机制，着力推动创新型资源整合聚集，计划引进或设立各类研发平台100余家，形成青岛海洋事业发展新常态。

青岛市着力集聚涉海高端要素。青岛蓝谷设立于2012年1月，是以海洋为特色的高科技研发和高新技术产业集聚区。2014年2月，《青岛蓝色硅谷发展规划》获国家发展和改革委员会、教育部、科技部、工业和信息化部、国家海洋局五部委联合批复，青岛蓝谷将建设成为海洋科技自主创新高地、海洋文化教育先行区、海洋新兴产业引领区、海滨生态科技新城。2018年6月，习近平总书记在青岛蓝谷考察青岛海洋科学与技术试点国家实验室时提出："建设海洋强国，我一直有这样一个信念。"

近年来，青岛蓝谷紧紧围绕服务海洋强国这一战略任务，按照青岛市委发起的"十五个攻势"的布局要求，聚力打造"海

青岛蓝谷

篇三　海洋科技　振兴青青之岛

洋攻势"排头兵和"双招双引"主战场；以建设世界蓝谷为总体目标，聚力打造海洋科技创新、海洋经济发展、海洋军民融合三大示范区，大力实施海洋"双招双引"、产业园区建设、科技成果转化、城市功能完善、营商环境再造、新型社区建设、安全生产稳定七大行动，争创以海洋为特色的国家级高新区，打造全国经略海洋的高地和旗帜。

青岛蓝谷始终坚持"第一理念"、创新驱动"第一动力"、人才"第一资源"，推动各类创新要素加快集聚。已引进落户青岛海洋科学与技术试点国家实验室、国家深海基地、国家海洋设备质检中心等23个"国字号"重大科研平台，山东大学、天津大学、四川大学、北京航空航天大学、西北工业大学等24所高等院校在蓝谷设立校区、研究院或创新园。引进各类人才6200余人，其中包括76名院士在内的省级及以上各类高层次人才280余人。

青岛蓝谷作为科技创新平台有着强劲的支撑能力，自2012年全面启动至今，已初步建成面向海洋尖端科技与实用技术研发、海洋新兴产业发展的多功能国家重大创新平台，逐渐成为高端学术和应用技术研究中心、高新技术成果孵化和产业基地、高端人才聚集和培养中心。

青岛国家海洋科学研究中心前身为1984年在青岛建立的山东海洋技术开发中心。现主要负责组织协调山东省与中央驻鲁海洋科技人员所承担的国家与省市重大海洋科研、开发项目；组织申报国家重大海洋科研和重大海洋科技工程项目；组织建设海洋科学与技术国家实验室，建立大型海洋科技公共服务平台；承担省部共建青岛国家海洋科学研究中心协调领导小组日常工作等。

青岛国家海洋科学研究中心坚持聚焦优势科技资源，促成海洋科学与技术国家实验室、国家深海基地管理中心、4000吨级海洋科学综合考察船、中国科学院海洋大科学研究中心等落地山东；推动建成1个国家级国际合作基地、5个国家科技兴海示范基地、6个国家高技术产业化基地、6个省级国际科技合作基地，组织建立了4个青岛国家海洋科学研究中心产业化示范

青岛国家海洋科学研究中心与山东省海洋局
举行海洋科技创新合作座谈会

基地。推动卤水精细化工产业技术创新战略联盟、海参产业技术创新战略联盟和海洋监测设备产业技术创新战略联盟三家海洋领域联盟入选国家试点。2019年，山东省依托青岛国家海洋科学研究中心正式成立中国工程科技发展战略山东研究院，充分发挥中国工程院高端智库作用，加快实施创新驱动发展战略，以科学研究支撑科学决策，以科学决策引领科学发展，促进工程科技服务于山东省经济社会发展。

广纳海洋高端人才

海洋科技创新是引领海洋事业发展的第一动力，而海洋人才是支撑海洋科技创新的首要资源。发掘海洋发展新动力，引领经济增长新常态，关键在积蓄与培养一批专业出色、结构科学、分布合理、创新能力强的海洋人才梯队。为更好更快实现蓝色跨越、丰富海洋人才战略资源、提升人才的社会经济效益、强化人才的科技创新支撑力，青岛市出台了一系列人才政策，以人才优势打造海洋事业发展优势，将青岛建设成为独具特色、潜力巨大的海洋强市。

为吸引高端人才，青岛市积极推出各项政策。在创新创业激励政策方面，为促进产业体系升级转型、做强海洋特色产业，青岛市发布《青岛市海外高层次人才社会保险工作暂行办法》等文件，对顶尖人才、领军人才、青年人才等高层次人才给予奖补及配套支持，以加强人才聚集，推动创新创业。依据《关于实施人才支撑新旧动能转换五大工程的意见》，青岛市对顶尖人才与领军人才领衔的团队项目，给予大额综合资助；对符合青岛市新产业发展方向并已开始创设的优质高端项目，优先投资新旧动能转换母（子）基金，推动人才、项目、平台一体化建设。

为实现科学、跨越式发展，青岛市始终重视创新教育研究，完善人才培养模式，坚持探索培养创新型人才的有效途径，发布了《关于实施"青岛英才211计划"加快推进"百万人才集聚行动"的意见》《青岛市引进和培养高层次技能领军人才奖励实施细则》等文件，以便更好地储备科技创新人才，掌握发展主动权。在高端人才储备方面，每年在青岛市遴选有望成为院士的高端人才、各领域专家和优秀创新人才，在2年周期内重点培养，并给予大量经费补助。在青年英才培养方面，对留青博士后、海内外博士及硕士给予相关政策支持；针对青岛特色领域，每年选派优秀科研工作者、青年优秀骨干教师等赴海内外进修。

在安居乐业保障政策方面，为让人才引得进、留得住，为让人才成为建设开放、现代、活力、时尚的国际大都市的有力支撑，青岛市加快推进人才住房建设，促进居家引进配套工作。例如，青岛市陆续发布《青岛市人才公寓建设和使用管理规定》《青岛市青年人才在青创新创业一次性安家费审核发放实施细则（试行）》等规定，持续推进人才的安居乐业保障工作。此外，青岛市每年新建人才公寓，并与人才公寓制度相配合，为留青人才提供相较同区商品房价格低 20% 左右的人才公寓。留青的普

青岛市市北区人才公寓效果图

通高校毕业生，也均可按照学历、学位得到相应的住房补贴。青岛市出台的这一系列政策为人才提供了人性化、亲情化服务，使各领域优秀人才能够扎根青岛创新创业。

促进科技成果转化

为深入实施创新驱动发展战略，发挥创新引领海洋事业的重要作用，青岛市始终坚持将科技成果转化作为主线，强化海洋科技特色，突出科技成果源头供给、成果产业承接及创新体制机制等重点工作。依据青岛市海洋科技成果转化模式探索的现状以及海洋产业特有属性，青岛颁布了《青岛市科技成果评价试点暂行办法》《青岛市国家科技成果转移转化示范区建设实施方案》等一系列政策，着力调动海洋科技资源转化过程中各主体的积极性，协调创新链条上的各环节，完善海洋创新科技"源头供给—转化服务—产业培育"的系统结构，建构独具特色的科技成果转化示范区，为加快海洋事业发展提供有力支撑。

青岛市不断改善海洋科技成果转化的政策环境。为加强海洋科技创新引导，青岛市加强科技成果的源头供给，建设国家重大海洋创新平台、强化高端研发机构引进、推进高校及科研院所服务地方；不断完善科技成果转化体系的建设，在建构"一总多分"的海洋科技成果转化服务体系的基础上，建构技术市场服务体系。

以《青岛市国家科技成果转移转化示

范区建设实施方案》为指导，青岛市坚持以国家海洋技术转移中心为依托，发展海洋高校、科研机构等专业领域成为科技成果转化的重点平台，推动青岛蓝谷海洋技术中心开始使用，创建海洋成果转化的高端平台。另外，着力推动政府、行业、技术转移机构、技术经纪人紧密联系的技术市场体系架构，加强对青岛经济发展与市场需求为导向的科研项目的支持力度，加强对科研成果技术改良与技术推广的支持力度，构建常态化的科技成果转化与发布机制，完善科技成果评价体系，加速地方技术转化服务向国家标准靠拢，激发科研个人、团队进行海洋科研创新成果转化的热情。

青岛市始终坚持推进研发与转化资源共享平台建设。为推动海洋科技成果转化，青岛市积极开展产学研专项对接行动，组织综合实力及研发能力较强的高校、科研机构和企业参与到海洋研发转化平台的建设中来。与此同时，围绕海洋创新，举办高校、科研机构海洋成果推介等活动，对涉海企业相关需求进行展示，并在此基础上开展综合性成果交易。通过海洋创新科技成果源头与相关涉海企业的有效对接，搭建海洋科研与海洋事业之间的桥梁，更好地实现海洋成果本地转化，促进海洋创新技术进步与核心竞争能力的提升。另外，

青岛市致力于打造国家级海洋科技成果中试转化平台，并给予企业一定的税收减免、提供更加完善的贷款贴息政策，以便在资源共享平台更好地打通资金、技术和人才链条。

哈尔滨工程大学青岛船舶科技园

2019年，青岛市有中国海洋大学、哈尔滨工程大学青岛船舶科技园等28家单位获批省级海洋工程技术协同创新中心，获批省级协同创新中心的企业单位数与科研教学机构单位数都位列全省第一位。青岛市加速推进科技成果转移转化示范区建设，不断提升海洋科技创新水平，为海洋事业发展奠定更扎实的基础。目前，海洋科技成果转化在各项政策的扶持下已克服了部分短板，取得了初步成效，获得如赤潮灾害处置等3项海洋领域成果，并荣获国家科学技术奖；建成海洋领域第一个冷冻电镜中心环境适配系统等。

海洋科普
托起远行之舟

"科技创新、科学普及是实现创新发展的两翼,要把科学普及放在与科技创新同等重要的位置。没有全民科学素质普遍提高,就难以建立起宏大的高素质创新大军,难以实现科技成果快速转化。"习近平总书记在"科技三会"上的这一重要讲话,对于在新的历史起点上推动我国科学普及事业的发展,意义十分重大。因为和海之间有种天然亲密的联系,青岛的海洋科普始终是处于佳境。以海洋为特色的科教氛围、科普场馆、科普活动和科普出版,积小流,成大海,托举起岛城这叶行舟,以稳健的速度,助力海洋强国的征程。

海洋科教氛围浓厚

坐拥碧海的青岛，一直重视海洋科教。《青岛 2019 年政府工作报告》中明确提出，要立足海洋优势和特色，勇担海洋强国重任，大力发展海洋科技和海洋经济，把青岛建设成海洋科教名城；加强学生海洋意识培育、构建海洋教育课程体系，为海洋科教提供丰厚的土壤。青岛市先后出台多项政策文件，为做实海洋教育谋篇布局，从课程设置、队伍建设、基地建设等方面调整全市义务教育课程设置。各区市结合自身优势，积极推进海洋文化建设，形成了区域海洋教育特色。

青岛市教育局组建了一支由中国海洋大学、中国科学院海洋研究所的专家以及教研员、骨干教师组成的课程研发团队。团队以科学的教育理论为指导，遵循课程开发与实施的基本规律，以沿海地区特有的、丰富的自然和人文资源为背景，将海洋知识以生动活泼、深入浅出的形式呈现给学生，帮助他们树立正确的海洋观，培养放眼未来的开放视野、集约利用海洋的科学意识，促进学生人文素质的全面提高。经过十几年的实践与探索，构建了较为成熟的海洋教育课程体系。

青岛市教育局在 2019 年 11 月发布《关于加快建设全国海洋教育示范城特色市的实施方案》，以实际行动推动青岛的海洋科教事业发展。该方案从宏观和微观两个层面探讨了如何"建设海洋教育青岛模式"。方案倡导，要从海洋基础教育、海洋职业教育、海洋高等教育、海洋终身教育和"海洋 +"融合发展五个方面出发，通过加强学生海洋意识培育、加大高校涉海学科建设力度、建设泛在海洋学习平台等具体措施，再通过经费保障机制、师资队伍建设机制等保障措施，努力把青岛打造为"具有较强吸引力、竞争力、影响力的海洋教育改革创新示范区、海洋特色人才培养高地和国际海洋科教中心城市"。方案也指出了发展目标："到 2022 年，海洋教育改革发展取得显著成效，全学段、多层次、高水平的海洋人才培养体系、评价体系和服务体系建设更加完备，海洋教育质量达到全国领先水平，一批标志性成果在国内推广。到 2035 年，形成富有青岛特色的海洋教育生态圈，海洋教育青岛模式在全国发挥示范引领作用。"

青岛市小学海洋教育课程推进会

建设海洋强国，发展海洋事业，需要提高国民的海洋意识，尤其是青少年的海洋意识。依托沿海地理优势和丰富的海洋教育资源，青岛的中小学海洋科普教育一直处于全国前列，拥有多所海洋教育特色学校，包括青岛市市南区实验小学、青岛同安路小学、青岛第三十九中学等。亲近海洋、认识海洋，新颖多样的海洋科普教学引导孩子们树立崇高理想，从小立志为建设海洋强国而努力学习本领，争做具有海洋素质的新一代。

青岛市市南区实验小学 青岛市市南区实验小学是青岛市首批海洋教育实验学校，早在 1998 年就由中国海洋学会授予全国首家"少年海洋学校"称号。学校以"以海育人"为宗旨，在海洋教育探索过程中，坚持海洋科普教育的创新与发展，在海洋科普教材研发、海洋科普课程研发两方面成绩显著。在海洋科普课程研发方面，学校设计了包括基础课程、拓展课程和实践课程在内的海洋科普教育三级课程体系。在拓展课程和实践课程领域，学校成立了"海洋研究院"，学生组建小组，在海洋专家指导下开展"海洋与自然""海洋与经济"等海洋课题研究，并围绕课题进行课外实践，形成了"选题指导课—开题指导课—成果汇报课"海洋特色研学课程模式。

青岛市市南区实验小学

青岛同安路小学 青岛同安路小学以普及海洋知识为己任，广泛培养学生的探究意识和科学精神，具有鲜明的海洋特色。学校从开发"海岛科考"校本课程，到把海洋课堂搬进国家实验室；从设立"海洋科普"专题系列讲座，到打造校园版"海洋博士班"，学校的海洋教育科研实现了有序发展，形成了"专家带着研、师生共同研、学生独立研"的良好氛围。在中国科学院海洋研究所的博士和学校老师带领下，学生们先后登上几十个海岛，在亲身实践中更全面地掌握海洋知识。每个学期，海洋博士班都会迎来一系列的海洋教育活动，学校定期聘请博士走进班级为学生授课。"博士带班搞研究""专家领衔进课堂""海洋环保进校园"等课程设计给全国海洋教育创新提供了新思路。

青岛同安路小学

青岛第三十九中学 青岛第三十九中学是中国海洋大学附属中学，21世纪初在国内率先开展中学海洋教育。结合海洋自然资源和驻青涉海科研院所的海洋教育资源，构建"基础型课程＋拓展型课程＋实践型课程"三位一体的海洋特色课程体系。青岛三十九中创造了多项中学海洋教育的"第一"：原国家海洋局全国第一个"海洋意识宣传教育基地"、第一个构建中学海洋教育课程体系、第一个开展中学生海上科考、第一个成立普通高中"海洋创新人才培养班"。先后获得山东省基础教育教学成果特等奖、国家级教学成果二等奖，被教育部评选为"新课程新教材实施国家级示范校"。国际著名海洋地质学家、瑞士皇家科学院院士比拉尔·哈克博士评价："我相信，不久的将来，青岛三十九中一定会走出诺贝尔奖获得者。"

中国海洋大学吴立新院士
为青岛三十九中学学生做讲座

海洋科普场馆林立

依海而立的青岛，凭借得天独厚的海洋优势，海洋科普场馆星罗棋布。这里有深受人们欢迎的青岛水族馆和中国海军博物馆，也有青岛贝壳博物馆、青岛海昌极地海洋世界和中国大洋样品馆等各具特色的科普场馆。在促进海洋科普教育发展的进程中，各类海洋科普场馆具备得天独厚的条件，对传播海洋知识、弘扬海洋文化具有重要作用，发挥着海洋科普教育主力军的作用。

青岛水族馆　青岛水族馆（又称青岛海产博物馆、青岛海洋科技馆）于 1930 年由我国著名教育家蔡元培、海洋科学先驱宋春舫等人倡议成立，是中国乃至亚洲第一座水族馆。近一个世纪以来，青岛水族馆秉承"普及海洋知识，构筑蓝色文明"的办馆宗旨，历经多次改造和扩建，已经形成了以梦幻水母宫、海洋生物馆、海兽馆、淡水生物馆和青岛海底世界为主体的展览集群。梦幻水母宫是内陆第一座专业性水母展馆，这里不同品种的水母经常让人眼前一亮。它们形态各异，色彩缤纷，宛若绽放在水下的花儿，颇有一花独放不是春，万紫千红春满园的韵味。

青岛水族馆不仅是岛城游客的必到之处，也是海洋科普的重要平台。多年来，青岛水族馆一直积极参与支持青岛市科普日、科技周等活动，给活动现场带去各种展品，水族馆的志愿者也积极承担科普讲解的任务，以生动有趣的形式向观众宣传海洋知识，展示海洋魅力，受到参观人员的热烈欢迎。今后，青岛水族馆将一如既往，立足自身的深厚底蕴，不断创新发展，发挥在海洋生物展示研究、科普宣传和旅游观光中的重要作用。

青岛水族馆

中国海军博物馆 中国海军博物馆位于青岛市市南区莱阳路 8 号，是全国爱国主义教育示范基地、首批国家国防教育示范基地和全国红色旅游经典景区。中国海军博物馆是海军发展史的载体，也是促进海军文化建设、弘扬革命传统、加强国防教育的重要平台。

中国海军博物馆分为室内展厅和陆海展区两大部分，现有馆藏文物 2000 多件，其中国家一级文物 17 件。室内展厅摆放着承载我国海军发展史的图文资料、各时期的海军制服以及几十件外国军队赠送的礼品。其中，国家一级文物上甘岭的枯枝是朝鲜访华代表团赠送给海军东海舰队的珍贵礼物。它虽然相貌平平，但却是一场反侵略战争的直接见证。长度仅 58 厘米的树枝上镶有 35 块炮弹碎片，反映了战争的残酷，也见证了中国人民志愿军的顽强和忠诚。

陆海展区展出的是我国不同时期大型精良的军事武器：我国最早的第一型潜地导弹"巨浪1号"、我国首艘核潜艇"长征一号"、海军第一代水上飞机、有"中华第一舰"之称的济南舰……中国海军博物馆通过史料向公众展示了中国人民海军的发展史、战斗历程和建设成就，增强人们的海洋国土观念和爱国爱军的精神。

中国海军博物馆

青岛贝壳博物馆 青岛贝壳博物馆（试验馆）坐落于青岛西海岸新区唐岛湾畔，是以贝壳为主题，集贝壳研究、收藏、科普教育、文化旅游为一体的非国有海洋特色博物馆。博物馆分为贝壳标本展厅、贝壳观赏区、贝壳化石区、贝壳文物艺术品区、贝字族谱国学区，展馆面积2600平方米，展藏世界贝壳标本12000余种、贝壳化石2000余枚、世界贝壳艺术品1000余件。在做好展览的同时，青岛贝壳博物馆还积极进行教育共建，协助齐鲁第一实验小学建立我国第一座校园贝壳博物馆；开设"小贝壳大世界"科普讲座，推动科普知识进校园、进社区；举办"让贝壳回家"公益活动，吸引大量中小学生的参与；借助央视、省、市媒体等，向更多人展示"小贝壳大世界"，传播海洋文化……这一系列科普推广活动，加深了青岛的科教氛围。

贝壳不仅是海洋生物的代表，其中更蕴藏着丰富的自然科学和人文科学知识，从阿基米德螺旋到斐波那契黄金螺旋，从螺旋星系到螺旋指纹，从螺旋运动到螺旋上升，涵盖天文、地理、物理、生物、化学、医药、建筑、美学、数学、哲学等近24个学科。为了更好地传播海洋文化、服务大众，坐落在银沙滩畔，建筑面积近43000平方米的青岛贝壳博物馆新馆已经开始建设，预计2021年正式投入运营。届时，一座世界级的贝壳博物馆将成为青岛的又一张名片。

青岛贝壳博物馆

青岛海昌极地海洋世界 青岛海昌极地海洋世界于 2006 年 7 月正式竣工并对外开放，是一个集休闲、娱乐、购物、文化为一体的大型海洋世界综合景区，由核心项目极地海洋动物展示和表演馆、海洋博览与科普展示馆等场馆组成。在模拟的极地环境中，冰雪溶洞、因纽特人雪屋等极地景象随处可见，在海兽混养池，游客们可以观赏到白鲸、海象、北极熊、海獭、海狗、企鹅等珍稀的极地动物，并参加到照相和喂食活动中去，令人充分发挥想象力，领略极地奇观。同时，运用电子平台等高科技手段向游客们普及极地、海洋、动物的科普知识，展示世界上最先进、最有科教意义及最有趣味性的科考标本、设备和器材，让游客们特别是小朋友们能够更好地认识海洋，认识世界，在游玩娱乐的同时更能接受到科普熏陶。

青岛海昌极地海洋世界

中国大洋样品馆 中国大洋样品馆隶属于中国大洋矿产资源研究开发协会，负责管理我国在"国际海底区域"活动中所获取的实物样品及相关事务，是我国"区域"活动的重要支撑平台。主要职能是负责样品的收集保存、属性数据提取和使用分配，同时兼具展览和科普教育功能。

中国大洋样品馆由样品库房、实验室、

数据库、展览馆和办公室等几部分组成，总面积 3000 多平方米。样品库房包括常温库、4°C 样品库和 –20°C 样品库三类专业库房，保存了我国 2001 年以来各个大洋调查航次所获取的富钴结壳、多金属结核、热液硫化物、海底岩石和沉积物等样品。配套实验室具有先进的样品预处理与分析测试能力，样品管理数据库可以实现样品的网上申请和远程查询，展览馆则主要展示我国"区域"活动的历程与成果，面向社会开放。

中国大洋样品馆

海洋科普活动多样

科学普及的主要功能是使公众通过了解基本的科技知识，具有运用科学态度和方法判断及处理各种事务的能力，从而具备求真唯实的科学世界观，提高科学素质。依托于各海洋科普组织和海洋科普场馆，青岛的海洋科普活动开展得如火如荼，丰富多彩的海洋科普活动使岛城涌动着浓厚的"海洋气息"。

青岛海洋科普联盟 青岛海洋科普联盟是以自然资源部北海局、青岛市精神文明建设委员会办公室、青岛市教育局、青岛市科学技术局、青岛市海洋发展局、青岛市文化和旅游局、青岛蓝谷管理局和青岛古镇口军民融合创新示范管理区委员会为业务指导，青岛市科学技术协会组织领导，各涉海科研院所、大专院校、科普场馆、企事业单位、海洋学科专家个人等自愿结成的公益性社会团体。青岛海洋科普联盟以国家海洋强国战略思想为指导，全面落实科学发展观，团结和组织广大海洋科技工作者普及科学知识，弘扬科学精神，传播科学思想，倡导

2019 青岛市全国科普日活动

科学方法，有效整合青岛市海洋科普资源，增强各涉海单位的共享互通和工作交流，加强成员间的广泛合作，不断提升成员科普工作水平，面向全社会积极组织海洋科普活动，全方位打造海洋科普品牌，促进青岛市海洋科学普及工作，为提升全民海洋科学素养做出贡献。

青岛海洋科普联盟将打造品牌赛事和举办常态化科普活动并举，着力丰富海洋科普活动供给。在青少年科普方面，持续培育小学生海洋科普讲解大赛和中小学生海洋知识竞赛两项品牌赛事，累计近30万名中小学生参与；在基层科普方面，推出"海洋科普山东行"系列活动，整体行程上万公里，科普足迹遍及全省16地市；在农村科普方面，大力实施"海洋科普助力乡村振兴行动计划"，深入即墨、胶州、平度、莱西等涉农区市，组织科普大篷车进农村校园活动上百次，成员单位策划的"美丽乡村·智慧少年"活动由网易面向全国直播；2019年主办科普日主场活动"礼赞共和国海洋狂欢节"，吸引近10万人次参与。

结合当下青少年的关注热点和认知习惯，联盟将组织科普研学游作为打造海洋科学教育"第二课堂"的切入点，携手青岛海洋科技馆、青岛市科技馆、青岛贝壳博物馆、中国海军博物馆、青岛明月海藻科技馆、青岛蓝誉潜水俱乐部等成员单位，共同开发了海洋科普游、运动活力游、产学研休闲游、海洋生物深度游等各具特色的研学线路，截至目前，累计接待青少年20余万人次。

逐梦深蓝讲师团 青岛快乐沙爱心帮扶中心，2011年由原海军石家庄舰政委林风谦发起成立，后在此基础上发展为"逐梦深蓝讲师团"。一开始，讲师团主要通过讲授公益性海洋课程，为青少年群体科普海洋知识，现在它面向的受众更广，已经不限于青少年人群。讲师团成员主要是海军退役志愿者，他们发挥海军讲海洋、海军讲海防的优势，向人们讲授海军装备、海洋权益等方面的知识。近些年来，该机构还举办图片摄影展、海洋生物模型展、舰艇模型展等，以

"逐梦深蓝讲师团"活动照片

更鲜活的形式向公众普及海洋知识。2015年，该海洋教育项目获得山东省首届志愿服务项目大赛银奖；2017年，项目获中国青年社会组织公益创投大赛山东站三等奖；2018年被评为全国青少年儿童科普教育示范基地；2019年获山东省青年志愿服务示范项目。逐梦深蓝讲师团成立以来，在提高公众海洋意识方面功不可没，截至2020年10月，他们先后走进94个社区、202所学校、12个政府机关或企事业单位进行公益宣讲501场，受益人数达11365人次；组织国防教育摄影展152场，受益人数69984人次；足迹遍布鲁、豫、冀、苏、浙、黑、甘、川、黔、蒙等十数个省市自治区。

"少年极先锋" 2011年，在中国科学院支持下，专为我国青少年打造的极地科学考察活动——"探秘世界三极"启程了。2011年夏，"探秘世界三极"首次前往北极斯瓦尔巴德群岛考察。2012年冬，首次赴南极洲考察，让青少年的极地科学之旅不再是梦想。2013年，"探秘世界三极"活动正式更名为"少年极先锋——青少年极地

"少年极先锋"北极科学考察历年活动集锦

科学考察活动"。活动邀请来自中国科学院、中国极地研究中心等国内众多科研机构的极地专家和学者，带领中小学生前往南极、北极和青藏高原开展自然科学考察，在感受极地冰雪世界的壮美的同时，参与世界最前沿的自然科学研究，在极地地区对极地的气候与环境、海洋生态与资源等开展课题研究。青少年学生不仅在活动中掌握了极地地区海洋知识，也增强了保护极地环境与生态的意识。

海洋科普出版高地

浓厚的海洋科教氛围和多样化的海洋科普活动，给青岛海洋科普创作提供了广阔的空间。2015 年，中国科普作家协会海洋科普专业委员会在青岛依托中国海洋大学成立，更是给青岛海洋科普读物的创作与出版注入了新的活力。中国海洋大学出版社、青岛出版社以及一些海洋科普场馆，长期推出各种优秀海洋科普图书，丰富了公众的海洋科普供给。

中国海洋大学出版社 中国海洋大学出版社是教育部主管、中国海洋大学主办的大学出版社，是我国唯一以海洋与水产科学学

术专著与教材、海洋科普与海洋文化读物出版为特色的大学出版社。成立 30 多年来，共出版各类图书 5500 多种。依托中国海洋大学完整、强大的海洋学科综合实力，先后出版 600 余种高水平的海洋与水产科学领域的教材和专著，包括《中国海洋鱼类》（共 3 卷）、《海水贝类养殖学》、《海洋无脊椎动物学》、《海洋化学》、《海藻学》、《潮汐原理与计算》、《海洋调查方法》、《海洋水团分析》、"海水健康养殖技术丛书"（共 6 册）、《海洋管理概论》、《海洋文化与社会》、《中国海洋基本法研究》、《中国海洋文化史长编》（国家"十一五"规划重点图书，共 5 卷）、《中国近代海防思想史论》等，具有鲜明的海洋特色与较高的学术水平，获得中华优秀出版物奖（图书奖）、国家新闻出版广电总局"三个一百"原创出版工程奖、"向全国青少年推荐百种优秀图书"、科技部"全国优秀科普作品奖"、中国科普作家协会"全国优秀科普作品奖（银奖）"、教育部人文社科优秀成果奖、山东省高校优秀教材一等奖、山东省新闻出版奖优秀图书奖（政府奖）、山东省优秀图书编辑奖、山东省庆祝建国六十周年成就奖、华东地区大学版协优秀教材奖等省部级以上图书奖 200 余项。

中国海洋大学出版社结合中国海洋大

学的海洋学科优势与特点，致力于海洋科学与海洋文化普及事业，海洋科普图书出版成效显著。建社以来，出版《海洋知识百问百答》（共5册）、"海洋与人类丛书"（共10册）、"海宝宝丛书"（共6册）、"畅游海洋科普丛书"（共10册）、"人文海洋普及丛书"（共6册）、"图说海洋科普丛书"（共5册）、"魅力中国海系列丛书"（共12册）、"神奇的海贝"科普丛书（共5册）、"海洋启智丛书"（共5册）、"中国海洋符号"丛书（共7册）、"舌尖上的海洋科普丛书"（共4册）、"珊瑚礁里的秘密科普丛书"（共5册）、"智慧海洋"丛书、"中华海洋学人系列丛书"、《世界海洋科技名人》、《神奇的贝壳启蒙大卡》、《海洋欢乐谷》等海洋科普与海洋文化普及图书100余部，获得省部级以上科普图书奖20余项。承担国家出版基金项目6项、财政部文化产业发展专项资金项目1项、青岛市社会科学基金项目1项、中国科普研究所海洋科普研究项目1项，为普及全民特别是青少年海洋知识，提升全民海洋意识做出了重要贡献。

特别值得一提的是，中国海洋大学出版社于2015年出版了我国首套"中小学海洋意识教育系列教材"（共10册），并于2015年作为地方课程在海南全省推广使用，同时在全国100多个海洋意识教育基地学校作为校本教材使用；2019年出版了"基础教育海洋特色课程汇"系列教材（共23册）。该教材聚焦海洋教育与国标课程的有机整合，实现海洋教育与学科核心素养的完美融合，涉及德、智、体、美、劳五大领域11个学科，覆盖幼儿园、小学、初中全学段，全面更新并优化了现有中小学海洋教育的学习内容与学习方式，是全国首套配合基础教育国标教材使用的海洋教育辅助教材。

中小学海洋意识教育系列教材《我们的海洋》

青岛出版社 青岛出版社是大型综合类城市出版社，青岛出版社及所在集团连续4届获得中国政府出版奖人物奖、先进集体奖、装帧设计奖等重要奖项；在中华优秀出版物评选中，连续5届有《中国针灸史图鉴》《中国水生贝类图谱》《少年读史记》《云冈石窟全集》等7种图书获奖；连续12年有22个项目获得国家出版基金资助，资助总额达2360万元。

在海洋出版领域，青岛出版社策划出版的《蓝色的家园·海洋教育篇》成为山东省地方教材，在山东省内多个地市使用；出版了适合中小学生的帆船教育教材《帆船进校园基础课程教材——帆船知识》，成为青岛市校本课程。为服务海洋强国建设战略大局、彰显青岛城市特色，青岛出版社在海洋图书出版领域加大力度，成立海洋图书编辑部，在海洋学术、海洋教育、海洋科普等领域均积极谋划：出版的"世界海洋法译丛"、《海洋心·强国梦》等入选国家"十三五"出版规划，获国家出版基金资助；海洋类报告文学作品《第四极》荣获第七届鲁迅文学奖，《挺进深海之路》《一个男人的海洋——

中国船长郭川的航海故事》均获得良好社会反响；引进出版麦格劳·希尔的《世界海洋概览》，策划出版原创海洋科普系列图书"认识海洋"和"我爱海洋生物"和《海洋生物图鉴》等，先后入选教育部推荐馆配目录；《海洋探秘》连续期发5万多册，已经成为海洋科普类知名品牌。同时，青岛出版社积极开展丰富多彩的海洋科普活

《蓝色的家园·海洋教育篇》教材

动，连续7年举办青岛市中小学海洋知识竞赛，连续6年举办青岛市中小学海洋节，连续4年推出小海米海洋实验STEM课程，连续两年推出课题引领式海洋类研学活动，均取得良好的社会效益，对普及海洋知识、提升全民海洋意识起到了积极的推动作用。

青岛部分海洋科普场馆也积极参与海洋科普图书的编写与出版，并广受好评。青岛水族馆和青岛出版集团旗下的少儿期刊中心、岛城海洋特色学校，联合打造少儿全海洋科普系列刊物《海洋探秘》。该刊物内容详实，涵盖海洋的方方面面，而且带有生动有趣的插图，激发了少儿读者对海洋的热爱，提高了他们的海洋科学素质。2016年，青岛水族馆与中国海洋大学出版社共同编写的《渤海宝藏》，荣获第四届"中国科普作家协会优秀科普作品奖"图书类作品银奖。2019年，青岛海洋科普联盟编著的《中国海洋科学家》《中国海洋地标》出版，大力传承海洋文化，弘扬科学精神，受到社会各界好评。其中《中国海洋地标》于2019年荣获"第二届山东省科普创作大赛"科普出版物类一等奖。2019年，由青岛贝壳博物馆编著、中国海洋大学出版社推出的《小贝壳·大世界》手绘科普系列图书发行，该书面向青少年读者，用一枚枚小小的贝壳架设读者通向海洋世界的桥梁，建立起"认识海洋、关注海洋、感知海洋、服务海洋、建设海洋和经略海洋"的海洋系统思维。该书于2019年荣获"第二届山东省科普创作大赛"科普出版物类二等奖。

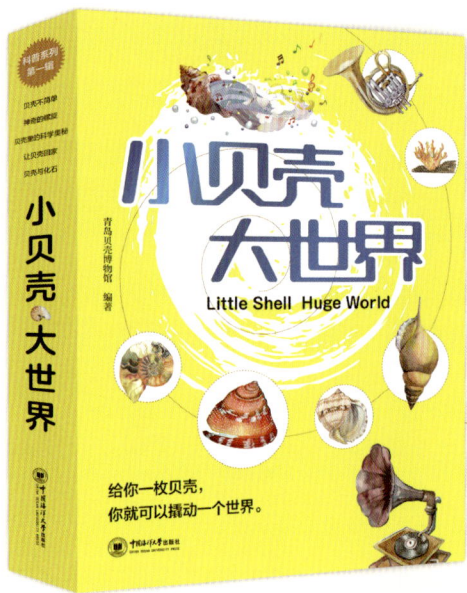

海洋科普图书《小贝壳·大世界》

篇四 海洋产业 推动蓝色经济

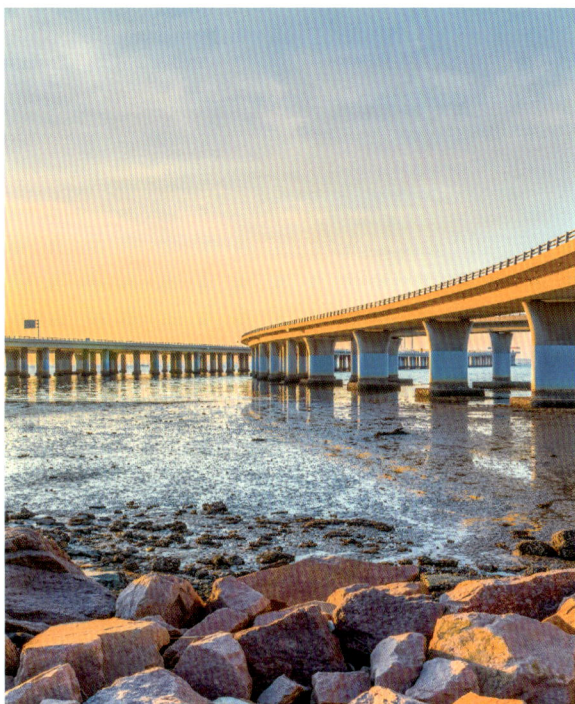

　　"全域统筹，拓展空间，协调合作，构筑蓝色经济发展高地"，这是青岛蓝色经济的发展理念。完整均衡的海洋产业体系是发展海洋经济的核心。青岛市立足海洋资源优势及科技基础，合理配置创新资源，优化创新环境，积极设立创新系统与成果转化平台，加速突破了制约产业发展的一系列关键技术，已初步形成以服务海洋经济为主导、传统海洋产业为基础、先进海洋制造业为支撑、战略性新兴海洋产业为引领的，具有较强竞争力的现代海洋产业体系。青岛市逐渐成为蓝色半岛经济区海洋产业的中心集聚区、辐射带动区。

　　2019年，青岛全市海洋产业固定资产投资额增长56.5%，高于全市投资增速34.9个百分点；海洋生产总值年均增长14%以上，占GDP比重由2015年末的22%提升至2019年的28.7%。至2022年，青岛市将实现全市海洋生产总值将突破5000亿元、占GDP比重超过31%的目标。青岛市始终坚持"创新驱动、科学发展、产业高端、蓝色跨越"的产业发展理念，不断优化海洋产业结构，当下，一场目标高远、责任明确、路径清晰的"海洋攻势"正在青岛迅速展开。

传统海洋产业
稳海洋经济发展之基

　　每个国家与地区的经济发展和产业分布都有着历史传承性。传统海洋产业始终是海洋产业布局的起点，在海洋经济中仍然占据着主体部分。青岛的海洋渔业一直保持稳步发展态势，推动产业结构升级转型，发展远洋渔业，建设蓝色粮仓；充分利用丰富的旅游文化资源，构建更加合理成熟的滨海旅游业，打造滨海文化旅游名城；将打造现代综合交通运输体系作为目标，优化港口规划，逐步成为北方航运中心与国际性港口物流中心。

海洋渔业

青岛因海而生，向海而兴，海洋渔业资源丰富，海洋渔业发展历史悠久且根基深厚。海洋渔业包括海水养殖、海洋捕捞等活动。现代海洋产业的升级转型为供给侧改革与新旧动能转化提供了源源不断的生机与活力。1980年，青岛市开始部署海洋生物资源增殖流放；2009年，青岛市开始有规模地发展人工鱼礁，建设海洋牧场；2012年，青岛市出台《关于加快远洋渔业发展的意见》，同步大力发展远洋渔业；2014年，青岛市出台《关于加快建设蓝色粮仓的实施意见》，着力建设蓝色粮仓，助推蓝色跨越新突破。近年来，青岛市深入贯彻习近平总书记"建设完善的海洋产业体系""海洋牧场是发展趋势，山东可以搞试点"等指示批示精神，为实现"海洋攻势"战略部署的目标不断奋斗，引领了我国海洋渔业高质量发展。2019年，青岛市颁布《青岛市现代海洋渔业绿色发展攻坚方案》，计划于2022年将青岛打造成全国水产苗种科技研发中心。

青岛陆续引领了我国"藻、虾、贝、鱼、

传统渔船

参"五次海水养殖产业浪潮，推动了水产养殖体系的完善。第一次浪潮为海洋藻类养殖浪潮。曾呈奎院士等山东海洋科技工作者首创"海带夏苗培育法"，使原本适合冷水生长且需要两个季度才能生长成熟的天然海带可以在夏季一个季节成熟，大幅提高了产量。

第二次浪潮为海洋虾类养殖浪潮。1960年，中国科学院海洋研究所在室内人工条件下，培育出第一批虾仔，并总结出对虾人工育苗方法。水产部海洋水产研究所（今中国水产科学研究院黄海水产研究所）赵法箴院士于 20 世纪 60 年代初首次完成中国对虾幼体发育形态研究，并与他人合作完成对虾幼体发育生态研究，为对虾人工育苗奠定了基础。20 世纪 60 年代中期，他在主持获得小面积对虾养殖示范成功的同时，取得中型和大型水面养殖对虾研究成功。20 世纪 70 年代，他成功进行了一系列对虾养殖高产试验和开发饵料的研究，获全国科学大会奖。20 世纪 80 年代，他主持完成国家攻关项目对虾工厂化全人工育苗技术研究，获国家科技进步奖一等奖和世界产权组织金奖，"对虾人工配合饵料研制"获国家科技进步奖二等奖，极大促进我国对虾养殖业的迅速发展，跨入世界先进行列。后来人工对虾逐渐走向了工厂化育苗模式，在全国沿海不断推广，促进了我国对虾养殖业的发展，丰富了国民的"菜篮子"。

第三次浪潮为海洋贝类养殖浪潮。中国科学院海洋研究所张福绥院士等人前后 3 次引进美国海湾扇贝，研究解决了我国海域养殖海湾扇贝的生物学、生态学等问题，建立了工厂化育苗技术，在我国北方海域形成了一个海湾扇贝养殖的新产业，掀起了我国海水养殖业的第三次浪潮。青岛海水养殖业由以海带为主渐次转向以对虾、扇贝为主，海水养殖产业多样化发展，养殖产量占水产品总量比率快速增加。

第四次浪潮为海洋鱼类养殖浪潮。20 世纪 90 年代，中国水产科学研究院黄海水产研究所雷霁霖院士等科研工作者将英国的冷水性鱼类大菱鲆（多宝鱼）引进中国，并突破了大菱鲆育苗技术，开创了大菱鲆工厂化养殖产业，标志着新一次的海水鱼类养殖浪潮的到来，使得海洋名贵鱼种进入中国百姓的餐桌。

大菱鲆

第五次浪潮为海珍品养殖浪潮。20世纪70年代，由于对海参、鲍鱼等海珍品的捕捞强度过大，致使资源趋于枯竭。为解决这一状况，20世纪80年代开始，驻青的涉海科研单位率先对海珍品的养殖技术进行了研究，突破了刺参、鲍鱼等品种的苗种繁育和大规模生产技术，推动了海珍品在山东沿海等海域大范围养殖。这五次浪潮也迅速从青岛影响到全国，促使我国水产业结构更加趋于合理，逐步实现了"养殖高于捕捞""海水超过淡水"的两大历史性突破。海水养殖的"五次浪潮"极大程度改善了我国人民的膳食结构，惠及了中国广大人民群众。

青岛一直将海洋渔业作为海洋经济的基础性产业、蓝色经济区的主导性产业与海洋战略性产业来进行发展，坚持将实现海洋渔业的现代化作为目标，重点开展"科技引领、创新驱动、质量提升、服务保障"等工作。在世界海洋渔业产业升级转型、格局调整的新时期，青岛的海洋渔业产业体系的脉络日渐清晰。城市海洋渔业产业的升级转型，不仅丰富了青岛市海产品供给，增加了相关产业链上的收入，更是促进了国际的海洋渔业交流合作与海产品贸易，让蓝色经济的新歌愈发响亮、雄厚。

升级转型，完善现代海洋渔业体系。青岛市不断加强政策引领，明确海洋渔业发展新方向，制定了一系列海洋渔业发展的规划与方案，确定了青岛市现代海洋渔业升级转型的主攻方向，优化了产业布局。在此基础上，搭建"科研机构＋龙头企业"合作平台，不断培养选育优良水产品种，推广渔业养殖新技术。研究培育了刺参"参优1号"、长牡蛎"海大3号"、"白玉参"苗种等，产量和品质得到大幅提升，价格相较同类产品也有很大提高，获得了更多的社会与经济效益。

长牡蛎"海大3号"

另外，青岛市紧紧抓住前沿科技带来的机遇，努力培育智慧渔业新产业，加快推进渔业向深海战略转移。一方面，新型远洋渔船驶向深蓝，吹响了远洋捕捞的号角。至

2019 年，青岛市 139 艘远洋渔船作业区域遍布四大洋，年捕捞产值近 20 亿元。另一方面，远洋养殖业在深海中扬帆起航。在青岛设计并建成的"深蓝 1 号"已于日照投入使用，是中国自主研发的世界最大的全潜式智能渔业养殖装备，使我国自主养殖三文鱼成为可能；升级版"深蓝 2 号"加快建设，容量扩 3 倍，无人值守智能化管理，能养三文鱼 100 万尾；封闭式循环水工厂化养殖的南美白对虾，也可实现年产近 200 吨。青岛市的现代海洋渔业发展路线脉络逐渐清晰，远洋渔业的劣势局面被打破，实现了海洋渔业的优化布局，不断推进了渔业供给侧结构性改革。

深耕海洋，建设"蓝色粮仓"。海洋的馈赠丰富，但需要取之有道。近些年来，青岛市大力开展海洋生物资源增殖放流，拓展海洋空间，发展海洋牧场，推动传统渔业升级转型，建设国内一流的"蓝色粮仓"。在崂山湾、胶州湾等重点海域，加强对虾、三疣梭子蟹、梭鱼、牙鲆、大泷六线鱼等优势水产苗种的放流力度。青岛市坚持渔业生产与资源维护并重，大力发展现代化海洋牧场。截至 2020 年 7 月，青岛市在建海洋牧场区 21 处，海域总面积 11360 公顷。其中，已有 13 处国家级海洋牧场示范区获批。依照"一湾六岛"的规划目标，重点打造七大海洋牧场集群。围绕增强海洋牧场现代化水平，配置实施观测系统，及时跟踪监测海洋牧场的资源状况与生态环境，已逐步实现了海洋牧场的信息化、智能化与可视化。此外，青岛董家口经济区，投资 300 多亿的中国北方国际水产品交易中心和冷链物流基地 15 万吨冷库已于 2019 正式启用。该项目能够带动形成千亿级海洋产业集群，对青岛海洋经济发展，尤其是海洋经济产业结构的升级转型都有着重要的意义。深耕海洋，市民的菜篮子越来越丰富，蓝色经济的基础支撑也越来越稳固。

青岛海洋牧场

滨海旅游业

滨海旅游业是以海洋、海岛及海岸等自然人文景观作为依托，提供休闲、观赏、娱乐等服务，从而获得经济效益的产业。滨海旅游业既是旅游业的重要组成，也是海洋产业的重要组成部分。随着蓝色经济战略的实施，中国对海洋产业愈加重视，滨海旅游业也在深度利用资源与提升品位层次方面得到了进一步拓展。2019年，青岛旅游总人数11302万人次，旅游总收入2005亿元，累计增幅15.87%。

青岛市三面环海，地理位置优越。绵延旖旎的海滨风景线，海上仙山崂山，红瓦绿树、碧海蓝天的城市面貌，老城区的多国建筑风格，现代化的旅游景点及节庆……青岛的旅游资源集人文山水为一体，是我国历史文化名城与著名的滨海旅游胜地，也是我国首批优秀的旅游城市。

在中国经济发展战略与海洋经济产业发展的巨大变革中，青岛力推滨海旅游业高质量向前发展，已经形成了较为完善的产品与产业体系。旅游经济已经成为青岛市三大特色经济之一，也为国民经济提供了新的增长点。青岛市以打造海洋文化品牌和滨海文化旅游名城为目标，坚持突出青岛的滨海城市特色，在滨海旅游业中增加文化旅游活动，丰富文化内容，吸引更多的游客感受青岛的文化气质、体验青岛的文化氛围和消费特色；将滨海旅游业与相关的游艇、帆船、游

奥帆中心

船制造业相结合，延长产业链，赢得更多海洋经济效益；同时着力提升滨海旅游产业的现代感、活力感与时尚感，如成功举办克利伯环球帆船赛（青岛站）、青岛国际啤酒节、青岛海上（胶州湾大桥）国际马拉松赛等活动，并以此为契机推动青岛整个旅游业与相关服务业的发展，挖掘沿海城市发展新潜力。

力促产业交叉融合，延长产业链条。青岛市积极推进滨海旅游业与其他产业的深度融合，坚持"以人为本、丰富内容、统筹规划、协同发展"的思路，构建更加合理成熟的滨海旅游业，打造滨海文化旅游名城，促进形成滨海旅游新的增长点。为积极传承海洋文化基因，青岛市建成并开始运营国家文物局水下文化遗产保护中心北海基地，顺利推进中国海军博物馆新馆、青岛贝壳博物馆新馆建设。

青岛市还致力于载体培育，塑造新型旅游模式，通过建设游艇、游轮、码头、人工岛等设施，深度发掘青岛市特色海洋优势，大力开发海上运动、休闲渔业、情景体验等高附加值的特色海洋旅游产品，推动青岛海洋旅游实现安全、便利、智能化、生态、高品质发展。青岛市不断推动滨海旅游业向开发海岛游、海洋牧场综合游、海上夜游等高端旅游转型，极大丰富了涉海旅游产品体系。

邮轮产业被誉为漂浮在水上的黄金产业，具有1∶10的带动效应，将有力拉动邮轮设计制造、邮轮物资配送、港口运营服务、旅游商业商务、金融保险等相关产业的发展。青岛市大力推动邮轮旅游发展，2015年，青岛邮轮母港正式开港。青岛邮轮母港是全国少有的位于市中心的专业邮轮码头，具有良好的区位优势与旅游资源。2019年，青岛发布了冬季旅游特色路线和"城市＋邮轮"旅游路线，让游客有梯度、有层次地领略青岛冬季旅游特色与城市风韵。

作为中国近代工业文明发轫地之一，青岛拥有海尔、海信、青岛啤酒等知名企业。青岛立足现当代工业发展史，挖掘啤酒、纺织、机车、家电等工业文化内涵，积极探索工业与文化旅游融合发展的新路径，壮大工业旅游产品规模，构筑起完善的工业旅游产品体系。越来越多的青岛企业转变发展理念，大胆开拓创新，形成了较为成熟的工业旅游发展模式，包括青岛啤酒博物馆、海尔世界家电博物馆、海信集团、青岛纺织谷、青岛港、华东百利酒庄等。

海洋交通运输业

海洋交通运输业是以船舶作为主要工具，进行海洋运输及为海洋运输提供各种服务的产业，包括沿海与远洋的旅游、货物运输、管道运输、装卸搬运及其他的一些运输服务活动。海洋交通运输业涉及生产、流通、消费、分配及对外贸易的多种环节，成为世界贸易的主要载体，是国民经济有机体的循环系统、世界运输的主动脉，促进了国际间贸易与经济的持续发展。近年来，青岛市将打造快速化客运、国际化航运中心及物流化货运的现代综合交通运输体系作为目标，坚持港口总体规划，不断提升优化船舶结构、

促进运力提升，推动建设重大项目建设，初步成为北方航运中心、区域国际物流中心与国际性港口物流中心。

完善相关基础设施建设，增强海洋运输发展合力。港口是海洋运输中的关键点，也是连接陆地运输与海洋运输的天然界面，港口建设直接影响着海洋交通运输业发展。随着经济全球化与贸易全球化的进程加快，海洋交通业呈现出航运深海化、船舶大型化、运输集装箱化的发展趋势。针对这一发展趋势，青岛市努力突破港口发展障碍，根据全国沿海港口的布局规划，以市场为导向，以资本为纽带，积极整合港口资源，集中精

董家口港区原油码头

力与财力加快建设铁矿石分拨、原油区域贸易、集装箱中转"三个中心"，力求铁矿石国际中转量突破 260 万吨、集装箱中转突破 400 万标箱、集装箱中转占比达近 20%，山东地炼进口原油经青岛港输运占比突破 60%，促进沿黄流域成为最便捷的"出海口"，在此基础上进一步建成海洋交通强国。船舶作为交通运输业的主要载体之一，同样具有十分重要的作用。近年来，青岛市不断加快船舶的科技创新与管理模式创新，实现了船舶行业自身的优胜劣汰。

完善海洋运输网络，打造现代海洋物流体系。青岛市海洋交通运输业发展比较平稳，2019 年港口货物吞吐量、集装箱吞吐量分别达 5.8 亿吨和 2101 万标箱，均位于全国第五，青岛也入选首批国家物流枢纽建设名单。随着"一带一路"建设的实施，青岛加快了建设"一带一路"跨境集装箱海公铁多式联运示范工程的步伐，相继开通中亚班列、中蒙班列、中韩快线、东盟专线、中欧班列等，不断完善国际海洋运输网络。青岛着眼于打造世界一流的海洋港口，放大港口辐射带动功能，推动青岛港由门户港、物流港向枢纽港、贸易港升级，打造东北亚国际航运枢纽；加快推进国际邮轮母港区建

设，聚焦邮轮旅游、金融贸易、智慧创新、商务文化四大产业，推进青岛港环球航运中心建设，推动港、产、城一体化融合发展。

同时，为提高海洋交通运输效率，青岛市还利用物联网、大数据、云计算等新技术，建设了青岛国际航运中心现代航运服务信息化支持保障平台。该平台包含综合智慧港航公共服务平台、公共资源交易服务平台与大数据公共服务平台三个子平台，以及港口航运数据中心与配套的规范体系。另外，随着我国供给侧结构性改革的持续进行，腹地货物向港口运输，需求不断提升，陆上交通网络与海洋网络的沟通也急需增强。2019 年青岛市新增十条外贸航线，集装箱海铁联运量连续五年列为全国沿海港口首位，形成了现代化的海洋陆地联运物流体系。

新兴海洋产业
塑蓝色经济新优势

促进新兴海洋产业快速发展，塑造蓝色经济新优势。青岛市针对城市实际，在传统海洋产业基础上，推动发展海洋新兴产业加速发展，不断取得新突破；坚持以高新技术为支撑，以新模式、新形态、新运用为主要特征，发展海洋化工业、海洋工程建筑业、海洋工程装备制造业、海洋船舶工业等新兴产业，使其成为重要的新型海洋生产力；催生出一批龙头海洋企业，形成了以新技术促进海洋资源开发利用的新态势，不仅拓展和优化了海洋产业体系，同时塑造了蓝色经济增长的新优势，引领了海洋经济的长远发展。

海洋化工业

海洋化学工业是以从海洋中提取出的海藻提取物、海盐、钾、溴、镁等物质为原料，在此基础上经过提纯、分离、纯化等过程，最终形成加工产品的产业。海洋化工主要包括海盐化工、海藻化工、海洋石油化工等的生产活动与化工产品。

海洋中蕴藏的丰富化学资源，成为海洋资源开发与海洋产业发展的"蓝色聚宝盆"。在地球上发现的94种天然化学元素中，海水中含有80余种。其中，一些元素甚至是陆地所稀缺的，这些元素为提供新型能源与建设现代化工业有着重要的战略意义。海洋化工业的发展速度与规模直接影响着社会经济中的多种部门，其产品广泛应用于冶金、石油、食品、军工、国防等多种行业，对社会的可持续发展及海洋经济的进步都有着重要的现实意义。海洋化工业在国民经济中占有重要的地位，是中国的基础产业与支柱产业之一。至2022年，青岛市预计全市海洋化工业产值达到700亿元，年均增长20%。

21世纪以来，工业化面临着陆地资源枯竭、环境污染、陆地生命支撑体系衰退等问题。而青岛市深刻地认识到了这一点，紧随国家"海洋强国"战略，将海洋化工业作为重要海洋产业之一加速发展。新时期，青岛市海洋化工业以绿色环保为发展重点，以盐化工、海藻化工与海洋油气加工为主体，在此基础上延长加工链条，不断丰富产品谱系，加快构建以新动能为主导的现代海洋化工产业体系。积极推动海洋化工业产品谱系向直接消费品拓展，以海洋资源为原料大力研发化妆品、功能食品、医用生物制品等，促进海洋化工与生物医药产业结合发展，提升海洋化工企业盈利能力。

近年来，青岛市积极推动海洋化工业产品谱系向直接消费品拓展，以海洋资源为原料大力研发化妆品、功能食品、医用生物制品等，促进海洋化工与生物医药产业结合发展，提升海洋化工企业盈利能力。我国海洋油气加工业也进一步完善了其产业链条，始终致力于提升海洋油气开采能力，还在沿海建设大型芳烃、乙烯生产基地，海洋油气迅速增长，产业竞争力不断提高。持续推进盐化工绿色发展，海盐是生产纯碱的基础原料，而纯碱又是重要的化工原料之一,可以用于轻工、建材、冶金等很多行业。盐化工的绿色发展,降低产品能耗与排放,进一步促进海洋经济可持续发展。另外,将以海洋精细化工为发展重点,推动基础化学原料、表面活性剂、医药中间体、电子化学品等海洋化工高新技术产品不断进步,打造创新性环境友好型海洋化工示范区,提高海洋化工对蓝色经济发展的贡献率。

我国是世界上藻类资源最丰富的国家之一,藻类化学品正成为国内海洋和化工产业开发的重点领域之一。青岛明月海藻集团专注海藻活性物质的深度开发和应用,拓展出现代海洋基础原料产业、现代海洋健康终端产品产业以及海洋健康服务产业。集团拥有的海藻活性物质国家重点实验室是我国海洋生物领域企业的国家重点实验室。实验室在岩藻多糖提取工艺开发及内毒素去除、医用级高纯度海藻酸钠纯化、水溶性海带粉的制备工艺研究、高黏度氧化海藻酸钠制备技术研究等方面取得了突破性进展。集团主要生产海洋食品、海洋日用品、海洋功能保健品、海洋化妆品、生态农品等产品,促进了我国海洋化工业向高附加值、高端应用的转型升级。

褐藻植物饮料

海藻酸盐纤维无纺布

海洋工程建筑业

海洋工程建筑业是在海岸、海上、海底所进行的用于海洋生产、交通、防护、娱乐等用途的建筑工程施工及其准备活动。包括海洋隧道桥梁建筑、海港建筑、海岸堤坝建筑等终端及处理设施建造、设备安装等工程。21世纪是海洋的世纪，在陆地空间日渐拥挤的状况下，海洋空间的作用就愈显重要，并逐渐成为人类发展的第二空间。

向海洋进军、保护海洋领土、维护海洋权益，开发海洋资源，是我国经济社会持续健康发展的必然要求，也是建设海洋强国的重要内容。这一系列的活动都离不开海洋工程设施及相关的技术装备的支持。它既是一个相对独立的海洋产业，又与其他海洋产业的发展密不可分，是海洋经济发展的基础性产业。发展海洋工程建筑业，提升产业技术水平，是建设海洋强国与发展海洋经济的重要基础与保障，对海洋经济有着重要的带动作用。中国海洋工程建筑业的增加值，由2001年的109.2亿元增长至2010年的874.2亿元，再增至2019年的1905亿元，

不到20年的时间，增长了约17倍。海洋工程建筑在全国海洋经济增加值的比重也由2001年的2.8%增加到2018年的29.1%，成为海洋经济中的重要支柱性产业。

随着国家发展和改革委员会正式印发《山东半岛蓝色经济区发展规划》，山东半岛建设蓝色经济区上升为国家战略。《山东半岛蓝色经济区发展规划》中明确提出，要将青岛打造成全国重要的海洋工程建筑业基地，培育形成新的产业增长点。在青岛的大批海洋工程建设项目中，青岛胶州湾跨海大桥是青岛的标志性建筑之一，为中国桥梁史再添辉煌的一页。胶州湾跨海大桥全长36.48千米，于2006年12月26日开始建设，于2011年6月30日通车运营，是我国自行设计、施工、建造的特大跨海大桥。胶州湾跨海大桥是山东半岛蓝色经济区重要的交通枢纽，缩短了青岛至黄岛间路程近30千米，进一步完善了青岛市东西跨海交通网络。青岛胶州湾隧道与胶州湾跨海大桥同日通车运营。胶州湾隧道全长7.8千米，突破了极为复杂的地质条件，是世界上埋深最浅、断面最大的海底隧道。2020年10月，胶州湾第二隧道开工。继胶

州湾跨海大桥与胶州湾海底隧道后，青岛主城区与西海岸新区之间将再添一条连接通道。胶州湾第二隧道无疑将进一步推进环胶州湾融合发展，为青岛市全面建设国际海洋名城和全球海洋中心城市提供助力。

胶州湾跨海大桥

另外，青岛市为了适应海洋农牧化与城市安全的发展需要，不断提升人工鱼礁设计与建造能力，着力提升海洋工程技术水平，积极引入海底电缆、光缆敷设、海上城市、人工岛、海上机场建设技术，为进一步开发利用海洋空间资源奠定产业基础。作为"一带一路"建设的主要产业之一，海洋工程建筑业助推了青岛海洋产业的蓄势发展；同时也促进了"海上丝绸之路"沿线城市的港口建设与海洋开发利用，促进了我国新一轮的对外开放以及与"一带一路"沿线国家的共同发展。

海洋工程装备制造业

围绕"海洋攻势"的大方向，青岛市立足发展优势、选准发展方向，推动海洋装备制造业成为蓝色经济发展格局中的重点产业之一，引领全省海洋装备制造业走向集聚、特色发展。努力将青岛建成海洋工程制造业大城，为建设山东半岛蓝色经济区与发展海洋经济做出重要贡献。近年来，青岛市紧随世界海洋工程装备发展前沿，坚持陆海统筹，发挥比较优势，着力推动科技创新，扩大对外开放程度，不断提升重大技术装备的自主创新水平，发展大型成套设备、高技术装备及高技术产业发展所需要的关键装备。以海洋油气平台装备、工程机械装备、探测检测装备为重点，加速形成具有国际竞争力的产业集群，规划建成了多个海洋工程集聚区，聚集了一大批知名企业与研发基地。

在海洋油气装备方面，中国石油集团海洋工程（青岛）有限公司、青岛北海船舶重工有限责任公司等企业，加速研制多功能自升式海工平台、深海油气平台等平台；研发半潜式运输船、多用途工程船、半潜式起重铺管船等海洋工程船；加速研制海洋石油钻采设备等海洋油气井下作业设备，初步形成了国际一流的大型化、深海化、专业化海洋油气装备集群。

在海洋矿产资源勘探开发工程装备方面，青岛市围绕国家深海矿产资源勘探开发战略需要，加速研制深层与负载矿体采矿设备、矿产资源综合利用设备等，突破天然气水合物钻井技术与安全开采技术、大洋海底多参数快速探测技术、海洋环境立体监测技术。同时为满足水下观测、海上作业与救捞工程的需要，青岛市海洋装备制造业还着眼于突破水下运载、深海作业装备制造与空间站、生命维持系统等关键技术。

2019年12月，由我国自主集成建造的世界最大吨位级海上浮式生产储卸油装置P70正式交付，由青岛发往巴西。海上浮式生产储卸油装置是集生产处理、储存外输及生活、动力供应于一体的综合性大型海上生产设施，被称为"海上石油工厂"。"海上石油工厂"由于造价高昂、建造难度大、集成程度高，一向被称为石油工业领域"皇冠上的明珠"。它的交付将进一步增强中国与"一带一路"沿线国家在能源领域的合作，并助推中国海工装备制造产业加快"走出去"的步伐。

世界最大吨位级海上浮式生产储卸油装置P70

青岛市海洋工程装备业以良好的基础设施、突出的成本优势、快速的技术进步，不断提升其市场地位，2019年实现海洋工程装备制造业增加值102.5亿元，位居行业前位，成为最有活力的国家战略性新兴产业之一。海洋工程装备制造有着鲜明的先导性特征，是发展海洋经济和海洋产业的前提和基础，在海洋经济产业链中处于重要地位，其发展水平将广泛影响海洋产业的整体竞争力，已经成为蓝色经济发展的新引擎。

海洋船舶工业

海洋船舶工业是制造沿海与远洋运输船舶、辅助船舶而新兴的生产、维修及保险行业。工欲善其事，必先利其器。不论是海洋渔业、海洋油气开发，还是海洋交通运输业、海滨旅游业等，都离不开海洋船舶工业的发展。随着海洋世纪的到来，海洋越来越成为人们赖以生存的重要之处。人们开始向海洋进军，探索海洋的奥秘，使得海洋船舶这个古老而现代的行业保持着持续蓬勃的生机。海洋船舶工业对于国民经济的重要作用，不仅体现在它与其他部门之间供给与需求的密切关联上，有利于提升我国制造业整体水平、推动钢铁及配套机电设备制造等相关产业；还体现在由其产生的强大向前推动力与向后带动力，扩大了就业、为建设海洋强国提供保障等。2019 年，青岛海洋船舶工业实现增加值 22.9 亿元，对国民经济产生了综合的社会效应。

海西湾船舶海工产业基地由原中国船舶重工集团有限公司投资建设的"船舶产业基地"和中国海洋石油总公司、中国石油天然气集团公司投资建设的"海洋工程基地"组成，位于青岛西海岸新区前湾港区域，总规划占地面积 8 平方千米，总岸线长 12 千米，平均码头水深 12 米。基地被列入国家《船舶工业中长期发展规划（2006—2015）》，是国家规划建设的三大造船基地之一，国家级新型工业化船舶制造产业示范基地和国家级船舶出口基地。按照"造船与修船相结合、造船与海洋工程相结合、造船与配套相结合、产学研相结合"的发展思路，园区聚集了包括北船重工、武船重工、中海

海西湾

油海洋工程等船舶制造与海洋工程企业及各类配套企业 100 余家，形成了以船舶修造和海洋工程为主的完整产业链和产业配套能力较强的大型产业集群。

2016年，青岛北船重工与招商局集团、工银租赁签订了8艘新一代40万吨矿砂船订单。2017年，世界最大矿砂运输船——新一代40万吨超大型矿砂船在青岛下水。这艘40万吨级超大型矿砂船，是此前最大矿砂船的全面升级版，在船体结构、推进和监控等方面得到了全面的提升，各项指标都达到了世界领先水平，是全球第一艘率先完成船体结构建造、顺利下水的第二代40万吨超大型矿砂船，标志着超大型矿砂船在中国设计、中国制造和中国营运上的再次突破。2019年交付的"ORE ZHANJIANG"轮是8艘船中最后一艘。8艘新一代40万吨矿砂船的投入运营，对优化我国运力结构，促进海上互联互通、推动"一带一路"建设和海洋强国战略具有重要意义。

"ORE ZHANJIANG"轮

目前，为继续发挥海洋船舶工业在海洋经济中的支柱作用，使船舶工业扬帆海洋经济，青岛市紧跟"低碳经济"的发展趋势，大力推动船舶制造业转型升级。不断突破绿色环保船型的关键技术，冲出中国船舶工业的"绿色壁垒"，抢占了未来海洋船舶发展的制高点。青岛市的海洋船舶业将安全、高效、节能作为发展目标，致力于研究"精品船型"，突出资源与成本优势，不断突破核心技术和综合经济技术指标，加速主流船型的升级转换，为航运业发展提供经济、节能的各种运输船舶；紧跟世界船舶技术发展主流，主攻"绿色低碳、节能减排"方向，研发船舶技术发展的概念船型，打好船型储备基础；引领了多个行业的前进方向，满足经济发展、人们生活对船舶工业的多方位需求；以海洋船舶工业为中心积极带动海洋经济产业集群的发展。海洋船舶工业连接了海洋油气资源开发业、航运产业等。青岛市充分发挥海洋船舶工业的纽带、辐射、引领作用，拓展了海洋经济的产业规模，初步形成产业联盟。青岛成为国内知名的船舶大城，紧随时代潮流，奏响中华民族进军海洋的号角，为建设海洋强国做出了其应有的贡献。

未来海洋产业
蓝色经济发展新动力

青岛市借助独一无二的海洋资源与显著的海洋科技优势，率先开启了海洋领域的高质量发展，建设绿色可持续的海洋生态环境，坚持把环境约束转化为绿色机遇，构建科技含量高、资源消耗低、环境污染少的产业结构和生产方式，加快发展海水利用业、海洋生物医药业等未来海洋产业，构建人、海和谐发展的现代化海洋新城。

海水利用业

海水利用业是指对海水的直接利用和海水淡化的生产活动，主要包括利用海水进行淡水生产和将海水应用于生活用水、工业冷却用水、消防用水等活动。

向海洋要水，打造海水淡化"国字号名片"。山东省海水资源丰富，但淡水资源短缺，特别是胶东沿海地区，淡水资源十分匮乏。其中青岛市是全国最严重的缺水城市之一，人均淡水资源占有量仅为247立方米，为全国平均水平的1/9，城市用水主要依靠客水。目前，青岛市年海水直接利用总量约14亿立方米，海水直接利用量居全国前列。除了作为工业冷却水外，还用于作溶剂、还原剂、化盐、化灰、除尘、冲渣、冲洗、水产品加工、冲厕、热泵等方面。

为了改变淡水资源短缺和对客水依赖度高的情况，青岛市抓住国家支持发展海水综合产业的有利条件，加强对海水利用研发技术的投入，不断提升自主创新能力，研发海水直接利用、海水淡化与海水综合利用的关键性新材料与技术装备，促进海水淡化的发展，打造了全国重要的海水利用基地。2019年，青岛市淡化海水利用量超过3000万立方米，全市海水淡化规模约占全国1/5，为

海水淡化设备

保障城市供水安全发挥了重要的作用，形成了巨大的市场潜力，还促进了其上下游产业的蓬勃发展，获得了良好的社会经济效益。

积极推进海水利用规模化，抢占高质量发展战略新空间。为落实新旧动能转换"海洋攻势"的相关要求，青岛市积极争取国家海水淡化规模化试点示范，不断推动海水利用规模化。当前，山东规模最大的2个海水淡化项目是青岛百发海水淡化项目和青岛董家口海水淡化项目，产能均达到10万吨/日。其中董家口经济区海水淡化项目是中国首个自主研发、设计、建设的大型海水淡化项目。该项目实现了关键技术和设备国产化，打破长期以来海水淡化膜技术的国际垄断。目前，淡化海水主要应用于水源地补给、市政供水与企业直供。青岛市海水淡化业不仅形成了

战略上的保障备用资源，应对原水资源不足等紧急状况，还推动了新旧动能转换"海洋攻势"发展，降低相关产业生产成本，抢占了高质量发展的战略新空间。集聚海内外海水淡化相关企业，延伸海水淡化产业链。近年来，国内外很多海水淡化相关企业及技术装备研发机构来青岛发展投资业务，如以色列国家水务集团、天津膜天膜科技股份有限公司、中信环境技术有限公司等企业。目前，青岛风生海水淡化研究院、天津津膜科技股份有限公司等项目已在青岛落地。青岛水务集团与国内外企业合资成立的青岛青水津膜高新科技有限公司，也拟于中德生态园成立超微滤膜生产基地，延伸了海水淡化产业链，为蓝色经济发展提供新机遇。

海洋生物医药业

海洋生物医药业是将海洋生物资源作为研发对象，以海洋生物技术为主导，从海洋生物中提取已明确海洋药理作用的活性物质，生产海洋药物及其他相关功能制品的海洋医药新型产业类群。海洋药物起源于海洋天然产物的研究，海洋生物生长于高盐、高压、缺氧与缺乏光照的特殊环境中，在生长与代谢过程中，生成并积累了很多有着特殊化学结构、生理活性与功能特殊的物质，形成了优于陆生生物的活性强、结构新颖等独特成分。其潜在的应用价值成为促进该学科不断发展的主要动力。海洋生物医药采用现代提取分离技术与光谱测定的方法，在海洋天然产物中取得了万余种化学成分。在此基础上经药理活性研究，发现了多种活性化学成分，一部分已研发为有着重要价值的海洋药物，还有一部分可作为先导化合物研发新药物。

海洋生物医药业具有广阔的发展前景，诸如海洋中药、海洋生物制品、海洋保健品等，都具有巨大的市场发展潜力，已经成为各国竞相研发的重要领域与发展方向。人类当前仍面对癌症、阿尔茨海默病、艾滋病等重大疾病的威胁，从海洋生物中提取新的先导化合物并发现新药，有希望成为人类攻克重大疾病的突破口，能够产生巨大的社会与经济效益。21世纪是海洋的世纪，也是探索海洋资源的新纪元。

海洋药物资源基础雄厚，创新成果全国领先。青岛市是中国最早开展海洋药物研发的城市。青岛海洋资源极为丰富，各类优质海洋资源为海洋生物医药产业的发展提供了广阔的空间。青岛在海洋药物生物资源、海洋药物和功能性药品研制技术等方面全国领先。随着海洋强国战略的推进，海洋科技的不断发展，青岛市致力于落实"蓝色药库"开发计划，建构智能超算海洋创新药物研发平台，推动青岛海洋生物医药研究院药物合成平台建成运营，为我国海洋生物医药业迎来了新的发展机遇。构建了药源海洋生物种质资源库、海洋天然化合物库和全球首个海洋糖库，形成了特色突出的优势产品，如中国工程院院士管华诗团队研发的抗肿瘤一类海洋药物 BG136 落地山东。

另外，正大制药（青岛）有限公司等高端优质项目加快集聚，明月海藻集团、聚大洋藻业集团等骨干企业加快产品结构调整，积极开拓国内外市场，很大程度上促进了海洋医药业的发展。华大基因海洋基因库一期也建成运营，中国首创的杰华生物"乐复能"一类抗病毒新药投入生产，安科生物等公司的干细胞临床诊疗技术全国领先。同时，海洋生物医药的创新成果不断产生，在青岛市11 所与生物技术有关的高校与科研机构、9个生物研究中心、近 20 个重点实验室的共同努力下，近几年来青岛市共获得一类新药证书、生产批件 4 件，进入临床研究阶段的一类新药 10 个，成功研发出 5 种海洋药物、200 余种海洋生物功能性产品。青岛市已逐渐成为全国先进的生物技术与海洋药物研究中心。

青岛海洋科学与技术试点国家实验室领导到访青岛海洋生物医药研究院

促海洋生物医药业产业迅速发展，显中国"蓝色药库"雏形。近年来，青岛市大力推动海洋医药技术创新与产业化发展，建构蓝色药库，解决重大科学问题及重点产品产出等问题。"智能+"海洋药物开发的关键技术体系也已初步形成，在现代海洋药物、海洋糖类药物、海洋中药重大品种的研发工作中取得了重要进展。青岛市在扩大研发规模的基础上，加强中试与预商业化的环节，搭建了基础研究至商业应用的桥梁，推动了科技成果的加速转化，成功研制出抗菌功能性敷料、抗阿尔茨海默病药 GV-971 等对人类健康有重要作用的新药。

2019 年，国家药品监督管理局有条件批准了甘露特纳胶囊（商品名"九期一"，代号 GV-971）上市注册申请，用于轻度至中度阿尔茨海默病，改善患者认知功能。GV-971 于 1997 年由中国海洋大学立项研发，历经 22 年，终获成功。该药的成功上市，填补了 17 年来抗阿尔茨海默病领域无新药上市的空白，将为数千万患者和家庭带来福音。GV-971 的顺利获批，极大提升了我国原创新药的开发能力，更标志着"蓝色药库"开发的巨大潜力。

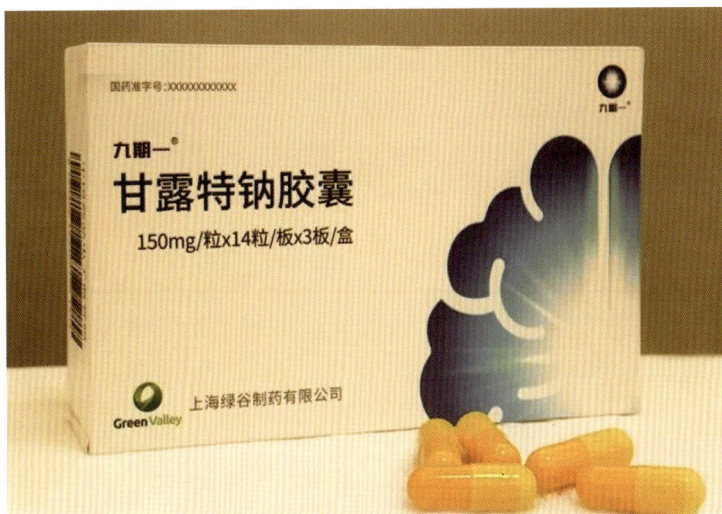

甘露特钠胶囊

涉海会议引领
蓝色产业新发展

　　"办好一次会，搞活一座城。"涉海高端会议在助推青岛市海洋产业高质量发展中有着独特作用。青岛不断提高站位，振奋精神，担当作为，积极抢抓各大涉海会议带来的重大机遇，增强会议的持续效应。目前，青岛充分发挥海洋特色优势，做大做强海洋经济，以会议带动海洋科技创新，促进产业成长，以实际行动贯彻落实"打造'一带一路'国际合作新平台"的重要指示。

海洋科技会议

在"海洋攻势"的背景下，为进一步凸显青岛市海洋特色优势、聚合世界海洋资源、构建对外开放的新高地，青岛市通过举办海洋科技会议，搭建多种平台，逐步提升青岛市的对外开放水平，聚合国际海洋高端人才与学术资源，推动完善海洋领域全产业链的创新，为构建具有国际竞争力、吸引力、影响力的海洋强市，为开放、现代、活力、时尚的国际大都市提供人才、智力、平台等资源支撑。

世界海洋科技大会 为推动新旧动能转换，促进海洋经济高质量发展，2019年9月23—26日，世界海洋科技大会（World Marine Science and Technology Conference, WMSTC）在青岛举行。此次会议在中国科学技术协会指导下，由青岛市人民政府与山东省科学技术协会主办，青岛海洋科学与技术试点国家实验室、青岛市科学技术协会等共同承办。大会以"创新海洋科技 引领产业发展"为主题，以实施海洋强国战略、加强国际海洋科技领域交流为宗旨，汇集了世界各地的海洋人才、多种学

术与产业资源，致力于搭建高端海洋学术交流平台、"双招双引"平台及"政产学研金服用"融合的海洋科技成果转化平台。

2019世界海洋科技大会签约仪式

本次大会由开幕式、主题报告会、专题分会场、"双招双引"对接会等几部分组成，同期还举办了2019（第四届）青岛国际海洋科技展览会。在开幕式暨主题报告会上，15位国内外院士专家针对海洋环境、海洋信息技术等海洋科技的前沿学术热点进行了主题报告，为解决当前海洋科技领域的重点问题献计献策并指明方向。

专题分会场设置了滨海湿地保护与修复研讨会、海洋信息化与未来分会场、国际水产养殖动物生物安保交流研讨会、海洋工程与水利工程科技前沿与创新发展国际工程科技发展战略高端论坛、2019航海技术高峰

论坛、海洋生物新材料及资源利用分会场、海洋科普教育创新与发展论坛、2019 水下无人系统技术高峰论坛、基于生态系统的现代化海洋牧场建设学术交流会九个专题分会场，深入探讨了前沿海洋技术与涉海行业发展趋势。

另外，为引领学术发展，推进海洋科技成果转化，大会还开展了海洋成果转化暨"双招双引"对接会。此次对接会致力于"现代海洋牧场"一二三产业链融合供需发布对接、实现"一带一路"海洋成果供需发布对接、船舶与海工装备领域高端产业供需发布以及"双创平台"产业链供需发布对接。

此外，本次大会注重会展联动与协同创新，同期举办了第四届青岛国际海洋科技展览会。该展览会以"科技经略海洋，创新实现梦想"为主题，围绕多项涉海行业发展新趋势与新特点，在深入探讨涉海行业发展方向与前景的基础上，多方面展示了最前沿的技术成果与产品。展览会吸引了包括海事、海洋等相关高校机构在内的 500 余家单位参展，为高校机构和企业提供了展示、交流与宣传的平台，有力推动了海洋科技创新意识

与创新能力的提升，突出了青岛海洋科技名城的形象。

青岛工程技术（海洋）大会　2018 年 12 月，青岛工程技术（海洋）大会在青岛举办。此次大会由山东省科学技术协会主办，山东省海洋经济技术研究会与山东省机器人研究会承办，邀请中日韩三方的企业、研发机构、高校以及相关领域等 300 余位嘉宾共同为"经略海洋"集智献策。

2018 青岛工程技术（海洋）大会开幕式

大会主题为"海洋工程与技术、海洋智能装备与机器人应用"，会议旨在贯彻落实习近平总书记"经略海洋"的重要指示精神，在"一带一路"背景下，打造经济产业共同发展、工程高端人才国际化合作、技术转移与协同创新等东北亚交流合作平台，致力于促进海内外海洋科技交流、推动海洋产业技

术创新合作，共同搭建合作发展新平台。

本次青岛工程技术（海洋）大会作为工程技术领域的盛会，重点突出了海洋元素，主要针对海洋工程智能装配与机器人、海洋探测观测监测技术、水产业现代化海洋牧场建设、海洋生物纤维与海洋药物、海洋新能源开发利用等一系列工程技术问题进行了深入讨论。中国工程院院士包振民、中国科学院海洋研究所副所长杨红生、中国海洋大学医药学院教授吕志华等人都作了专题报告。包振民院士认为，目前全球各国共同关注的焦点是海洋发展、海洋保护、海洋利用，展开更广泛的交流是必不可少的，不仅要掌握开发、利用海洋方面的经验，更要努力提升开发海洋的能力，更有效地运用以海洋装备为重点的海洋高新技术，促进重大课题的深入研究。

依托山东省科协创新驱动工程和海智计划，立足山东省新旧动能转换重大战略部署，青岛工程技术（海洋）大会作为新平台，聚焦海洋工程与技术、海洋智能装备与机器人应用等问题，为"海洋攻势"蓄力助威。

海洋水产品会议

"蓝梦共潮涌，携手续华章。" 立足青岛，走向世界，深耕海洋，凝心发展。青岛市始终坚持聚合世界资源，秉承水产品透明、可追溯、可持续发展的理念，充分发挥水产品会议这一平台的传播功用，激发各个相关方的积极参与度，一同探寻与交流社会、经济、环境与资源相互协调、促进的可持续发展道路，推动世界水产业的绿色、稳定、和谐发展。

国际水产品可持续发展大会　　国际水产品可持续发展大会以共同促进可持续发展道路，携手推动全球水产业绿色成长为办会宗旨，自 2014 年以来每年搭建交流合作平台，让海内外业界人士共同分享可持续发展经验，不仅使可持续发展理念成为业界共识，更使可持续生产与消费方式不断深入人心。参会的各方代表共同努力探索可持续发展的有效路径，共同推进了世界水产业的持续发展。

2018 年 11 月，国际水产品可持续发展大会在青岛召开，此次会议由世界自然基金会（WWF）、海洋管理委员会（MSC）、中国水产流通与加工协会（CAPPMA）、水产养殖管理委员会（ASC）共同主办，海南智渔可持续科技发展研究中心与美国国家科学基金会（NSF）等协办。美国、冰岛驻华大使馆，国内外的科研院所与社会组织代表，以及来自全球多个国家与地区的生产、采购企业代表等近二百人参加了会议。会议以"绿色生产、绿色消费"为主题，针对水产品可持续生产与消费领域的实践问题进行了深入探讨，分享了各自的理念与经验。与前几届相比，此次会议结合了中国本土经验与国外可持续渔业的成果经验，共谋水产品绿色生产与消费的可持续发展之路。

2018 国际水产品可持续发展大会现场

此次大会共设置四个分论坛。分论坛一为海洋管理委员会中国可持续渔业改进项目研讨会，围绕如何促进国内外水产品可持续发展这一问题进行了案例分析与经验分享。

分论坛二为中国太平洋褶柔鱼改进项目研讨会。本次分论坛也是正式施行中国太平洋褶柔鱼改进项目的启动仪式，目的是促进中国鱿鱼渔业的发展、保证加工出口产业的资源可持续性，以及实现渔业作业的可追溯性，参会代表都将积极参与到落实此项目的实践活动中。

分论坛三为 NSF 无抗饲养认证要点及市场经验研讨会。多方对 NSF 在食品和水产品安全及可持续发展方面的测试、核验、认证、咨询、培训等问题有了更加深刻认识，并针对无抗生素饲养与非转基因检测技术进行了深入探讨。

分论坛四为水产养殖管理委员会（ASC）五年中国发展成就分享分论坛。在这一分论坛上，对 ASC 在中国五年的发展过程进行了总结，介绍了目前已取得 ASC 认证的 10 家企业，及其培育的罗非鱼、虾夷扇贝等水产品种，并对 ASC 与各企业并肩推进水产养殖产业的可持续转型升级进行了规划与展望。

中国国际渔业博览会　中国国际渔业博览会，又称渔博会，是由中国国际贸促会农业行业分会主办、美国海洋展览公司海外协办的国际性渔业专业展览会。经过 20 余年的发展，渔博会已成为每年必不可少的行业盛会，并成为目前亚洲规模与影响力最大的水产专业博览会与全球第二大水产贸易博览会。渔博会自 1996 年起开始举办，得到了来自全球各国的广泛关注与积极参与。它体现了中国作为活跃度最高的鲜活水产品市场与世界第一大水产品贸易国的重要地位，也为越来越多的参会者提供了更多来自全球的重要贸易机会，推动了全球的渔业贸易发展。第 24 届中国国际渔业博览会于 2019 年在青岛举办，是渔博会第 14 次，也是连续第 6 次在青岛举办。

中国国际渔业博览会参展人员和机构众多，内容丰富，活动影响力大。每届渔博会都会将全球主要渔业国家的渔业相关组织机构、水产品养殖企业、水产品加工商、贸易商等聚集起来，展出产品包括水产饲料、渔船、海洋捕捞、绳索网具等，展出内容涵盖淡海水养殖、疫病防治、水产品冷冻与保鲜等技术，分享疫病防治、水质监控等经验。目前，共有来自中国、意大利、澳大利亚、美国、法国、日本、越南等的累计近 4000 千家展商参与过展会，专业和贸易观众近 20 万人次。

2019 年中国国际渔业博览会现场

海洋可持续发展会议

海洋可持续发展一直是各界关心的问题，青岛市也从这一角度出发，举办了多个能够促进海洋产业持续发展的会议。这些会议成为青岛市实践新旧动能转换"海洋攻势"中的重要活动，也是青岛市助力"一带一路"建设的重要载体。它们有效推动了青岛海洋经济高质量发展，也促进了青岛市海洋领域的开放与合作。同时，这些会议作为青岛市构建开放、现代、活力、时尚的国际大都市的重要平台，推动了海陆内外联动，为青岛的可持续发展注入了不竭动力。

东亚海洋合作平台青岛论坛　2019 年 9 月，以"交流互鉴，开放融通"为主题的东亚海洋合作平台青岛论坛在青岛世界博览城举行。此次论坛由山东省政府、自然资源部主办，青岛市政府承办。在此次论坛上，有来自中国、韩国、东盟、欧美与非洲等地的海洋专家、企业家等近 400 位嘉宾受邀参与到搭建蓝色伙伴关系网络的讨论中，以促进平台合作机制逐步完善，推动区域海洋科技、经济、人文、生态等领域的交流与合作，一同建设东亚海洋命运共同体。

2019 东亚海洋合作平台论坛主要由一个主论坛、五个分论坛、一个展博会，共七个板块组成。论坛颁布了《东亚海洋合作研究报告（2019）》，进行了"双招双引"等重要项目的签约仪式。五个分论坛分别为中国自贸试验区建设与东亚海洋合作论坛、东亚港口联盟大会、国际海洋渔业发展论坛、东亚海洋环境合作论坛、东亚海洋文化和旅游发展论坛。此外，论坛还设置了东亚海洋博览会。此次论坛上，共有总投资近四百亿元，包含高端装备、海洋旅游康养、海洋新能源、新一代信息技术等十大领域在内的海洋经济重点项目在青岛签约落户。这些项目成为青岛市"海洋攻势"的重要实践，推动了青岛市海洋经济高质量发展。

2019 东亚海洋合作平台青岛论坛高端对话

2020 年 9 月，2020 东亚海洋合作平台青岛论坛暨青岛国际海洋周在青岛西海岸新区开幕。论坛由自然资源部和山东省人民政府主办，包括主论坛、国际健康海洋高端论坛、东亚海洋文化和旅游发展论坛、东亚港口联盟大会、国际海藻与健康产业论坛、全球海洋人才创新创业大赛总决赛和东亚海洋博览会七个板块。来自全球多个国家和地区的专家学者、业界精英以"线上 + 线下"的形式汇聚一堂，共同推进海洋领域的深度合作。借助这个国际化平台，青岛西海岸新区在"双招双引"上再发力，24个重点项目在论坛上签约。其中，重点产业项目12个，涵盖海洋高端装备、新一代信息技术、新能源新材料等重点十强产业；高端人才团队项目12个，包括高端装备制造、新能源、新材料、生物医药等7个战略新兴领域的250余名高端人才。

"舟至中流，唯奋楫者，方能破浪前行。"青岛市始终依据自身优势，不断创新发展，努力做强做优招商引资。东亚海洋合作平台青岛论坛自2016年启动以来，已成功举办五届。在全面建设与规划国家"一带一路"建设中，东亚海洋合作平台成为了标志性项目与优先推进项目，也成为了山东省新旧动能转换工程中的重要推进项目。

青岛国际水大会　青岛国际水大会，原为"海洋科技与经济发展国际论坛"，2006年青岛市科协将"青岛国际海水淡化与水再利用大会"纳入论坛中，并作为研讨的重要板块之一。2011年，更名为"青岛国际海水淡化与水再利用大会"。2012年，为拓展学术研讨领域、推动同国际脱盐组织

的沟通与合作，会议更名为"2012青岛国际脱盐大会"。2017年，在中国科协的指导下，"青岛国际脱盐大会"正式更名为"青岛国际水大会"，会议的内容也由之前的海水淡化与水再利用，扩展至水科学、水技术、水环境、水资源、水生态等涉水领域的相关技术、项目及会议展览等活动。青岛国际水大会目前已与水结缘14余载。在这十几年间，不仅提升了民众对海水淡化的认识，构建了水务、污泥、净水、工业废水、市政污水等科技工程与产业的交流平台，还为国家水资源开发利用的技术进步与产业发展奠定了坚实的基础，为保障国家的水资源安全做出了贡献。

2019青岛国际水大会现场

2019年6月，第十四届国际水大会在青岛举办，本次会议以"水——生命之源

发展之基"作为主题，展开了形式多样、内容丰富的讨论，包括主题报告、专题分会场、产品展示、成果转让、商务对接等内容。会议共有六大主题板块、30 余个专题会场及 180 余个展位，为全球性水资源问题的解决提供了平台与方案。本届大会在传承以往经典模块的基础上，围绕当前水行业发展的难点及热点问题，增加了崭新的会场，直击青岛市未来城市水环境与水系统问题，为建设海绵城市提供强劲动力。此次新增了水行业数字化转型与智能制造分论坛，以大数据作为技术支撑，研讨水处理行业数字化管理与工业技术，打造未来水处理领域的学术交流平台，为相关企业在水行业制造、技术创新、运营维护等方面的需求提供优质资源与技术服务。其次，大会新增油气与石化企业水处理和零排放新技术研讨分会场，邀请相关研究院与研究团队分享石油化工产业在水处理领域的新技术与新成果。此外，会议更加强调工业水板块及项目对接，重点设置工业园区节水治污技术需求对接会，致力于处理好青岛乃至全山东工业节水治污环节中的重点问题。大会依托更多在工业节水治污方面有经验的企业，推动商业合作，有效落实项目对接，为青岛市"双招双引"攻势助力。

打造政产学研用交流平台，促进科技成果转化与行业发展。十几年间，青岛国际水大会在各界的关注与支持中，不断提升其规模与影响力，丰富其形式、创新其内容。2020 年 9 月，第十五届青岛国际水大会召开，会议将可持续水国际论坛、国际脱盐大会、水科学与技术创新大会、水环境治理与水生态修复论坛、水务产业、政策及投融资论坛、水技术设备展示等作为主要板块，继续为有效利用水资源、保障水安全、改善水环境、建设水生态提供新的技术与讯息。青岛国际水大会正努力打造成为国际水资源领域学术交流的品牌盛会。

2020 青岛国际水大会现场

篇 五

走向深蓝 续写蓝色华章

以海为伴，以山为邻，城在山海之间；因海而生，因海而兴，海是青岛的灵魂。拨开历史的云雾，青岛正张开双臂拥抱"蓝色浪潮"，凭借时代赋予的蓝色机遇，这座海洋文化名城已逐渐发展成为海洋科技之城、海洋产业之城、人海和谐的海洋生态文明之城。

2016年，青岛获批国家"十三五"首批海洋经济创新发展示范城市，先后出台了《"海洋+"发展规划》《建设国际先进的海洋发展中心行动计划》《青岛市大力发展海洋经济加快建设国际海洋名城行动方案》等一系列规划措施。2019年出台《青岛市新旧动能转换"海洋攻势"行动方案（2019—2022年）》。展望"十四五"，青岛将全面落实海洋强省建设"十大行动"，规划实施一批重点任务和重点项目，打好"海洋攻势"，争创全球海洋中心城市，加快推进国际海洋名城建设，力争海洋生产总值年均增长10%以上，为加快建设海洋强省、海洋强国做出贡献！

经略海洋
海洋强国战略新支点

　　2013年，习近平总书记指出："建设海洋强国是中国特色社会主义事业的重要组成部分……要进一步关心海洋、认识海洋、经略海洋，推动海洋强国建设取得新成就。"青岛依托丰厚的海洋人文底蕴，汇聚国内众多海洋科技人才，以海洋强国为主题，以经略海洋为主线，以海洋人才、科技为引领，全面实施海洋战略、发展海洋经济、传承海洋文化，逐渐发展成为我国海洋科技自主创新领航基地，海洋科技、海洋经济国际合作先导区。青岛，已经逐渐成为我国海洋强国战略的新支点。

国家深远海开发战略保障基地

"谋定而后动"，向海图强，需要有周密的规划。青岛市政府深谙此道，认真研究制定西海岸新区建设方案，又以位于即墨区的国家深海基地管理中心为依托，建设深远海开发陆基支持平台，引领岛城成为我国国家级的深远海开发战略保障基地。

作为国家级的多功能公共服务平台，国家深海基地对青岛构建深远海开发战略保障基地意义非凡。国家深海基地于 2010 年 12月成立，是自然资源部直属的面向全国，具有多功能、全开放性的国家级公共服务平台。国家深海基地是国内首个，世界上继俄罗斯、美国、法国与日本之后的第五个深海技术支撑基地，对维护我国的海洋安全与海洋权益具有重要的战略意义。国家深海基地管理中心主要从事深海资源探勘考察、深海技术装备实验与研发、深海基地重大装备的运行与维护、深海技术产业孵化、深海科学知识普及等工作。

国家深海基地

国家深海基地自成立以来，先后负责了"蛟龙"号7千米级海试、"蛟龙"号实验性应用航次与潜航员选拔等重要项目，圆满完成了"蛟龙"号的大修与技术升级，在提升其水下作业能力的同时也降低了运行成本，为载人深潜勘探的发展奠定了良好的基础。同时，国家深海基地建立了"潜龙""海龙"系列重大深潜装备管理机制，提升了"三龙"的装备作业能力，开拓了深海资源勘探、安全保障等海上作业新方向。以"蛟龙探海工程"为依托，紧密围绕国家的深海战略，国家深海基地管理中心开展国家深海基地海域近海试验场的建设，为我国海洋事业的发展提供了全面、稳定、系统的支撑与保障。国家深海基地还积极开展科考交流与科普教育等活动，建成"深海之路"科普展馆，全年接待万余人次，充分彰显了国家深海活动的科技实力。

青岛西海岸新区作为深远海开发战略保障基地，年造船能力已超过450万载重吨，为智慧船舶、海洋环境仿真等新兴产业提供了广阔的市场资源和有力的服务支撑。在位于中德生态园的国家首个海洋基因库，千种鱼基因组、海洋哺乳类基因组等多个项目正在同步推进。经过多年建设，这里已经汇聚了全球2000多名科学家，与67家科研机构开展广泛合作，成为世界领先的海洋基因组学和生命健康基地，并着力于实现把全球海洋生物进行数字化，助力于"透明海洋"计划的实现。

中德生态园

与此同时，西海岸新区发挥其优越的区位优势和海洋资源优势，开发海洋资源。例如，开发本区内的港口，建成天然气储备基地和石油交割库；新区利用面向太平洋，又与朝鲜半岛、日本列岛隔海相望，辐射内陆，连通南北的优势，发展起国际航运，建设能源资源储运中转基地。新区依托深海探测开发装备制造基地、大型船舶维修保障基地和远洋渔业综合服务保障基地，大力推进国家深远海开发重大创新平台建设，支持中国海洋大学、中国石油大学（华东）、哈尔滨工程大学等组建深远海开发研究中心，构筑深远海开发陆基保障体系。新区设立以来，短短五年间发生了翻天覆地的变化，取得了骄人的成绩。这里承载着全新的使命，聚集起密集的创新资源，打造世界级的研发高地，推动青岛成为全国海洋科技的领军城市，为我国走向深海大洋保驾护航。

古镇口军民融合创新示范区

所谓军民融合，简言之，就是将国防和军队现代化建设嵌入经济社会发展体系，促进国民经济发展，并让雄厚的经济实力为国防和军队现代化提供不竭动力。

黄海之滨，珠山脚下，古镇口一片生机。早在明朝初年，这里就是海防重地。这里军民团结，军民同心同德，协力写好海洋这篇大文章。古镇口军民融合创新示范区深入贯彻军民融合这一国家发展战略，设立了军民融合创新中心、技术装备保障中心、军地人才培养中心、军队保障社会化服务中心、军民融合产业发展中心和基础设施统筹规划建设中心。这六大中心既是工作机构，又是融合平台，军地需求在平台对接。探索出平台融合、领域融合、区域融合"三融"发展模式和海洋深海协同、海军远海保障、海防应急动员"三海"融合机制，让青岛的军民融合始终走在全国前列，为全国军民融合深度发展树立了标杆。

古镇口军民融合创新示范区

古镇口军民融合创新示范区内，各类军民融合产业快速崛起。哈尔滨工程大学青岛船舶科技园，是该区培育集聚起的骨干军民融合科技项目之一。科技园围绕海工装备制造业、智慧海洋、高端船舶制造和配套、军民两用新材料及军民融合科技服务业等领域，引进高端创新团队、研发机构、生产企业和企业总部入驻，形成以海洋科技和军民融合为特色的高端人才、高新技术和产业集聚效应。

"治国经邦，人才为急"，军民融合离不开人才之力量。目前，古镇口已成功引进8所涉军涉海高校，与中国科学院合作建设中国科学院青岛科教园，正在形成中国科学院青岛海洋研究院、中国科学院大学海洋学院、中国科学院海洋大科学研究中心"两院一中心"协同发展格局，成立水下信息科学、海洋新材料、舰船总体设计等20个研究中心。这些院校的建设带来集聚效应，并对周边地带产生辐射作用，激发军民融合创新。

2018年，全国首家军民融合学院在古镇口融合区成立，学院占地538亩，是在青岛西海岸新区职业教育中心基础上兴建，拥有优秀专、兼职教师700余人，重点是培养军地两用人才。青岛军民融合学院，努力解决人才培养过程中存在的师资不足、教学标准不完善等发展难题，牢固树立教学创新和制度创新的理念，探索当代军地人才的培养新方式。这一系列军地、涉海类高校是涉军涉海人才的摇篮，它们培育的专业人才，是军民融合创新发展的储备力量，为青岛创建国家级军民融合创新示范区打造了一支支精英人才队伍。

谋篇布局
完成华丽转身

　　青岛的海洋生态姿态完美，蓝色经济气魄卓然，海洋文化博大精深。在这座城市中，愈加友好的海洋生态环境，让人恣意领略"水何澹澹，山岛竦峙"的意境，又铸就海洋经济大厦的坚强根基。青岛用心沉淀生态、经济和文化的力量，不断构筑良性循环的经济发展模式，"润物细无声"地滋养着蓝色经济，打造海洋文化胜地，实现华丽蜕变。

打造海洋生态区域

青岛作为全国著名的滨海旅游城市，"红瓦绿树、碧海蓝天"是青岛最为世人所知的名片。近年来，青岛市高度重视海洋生态文明建设，通过相关立法保护、组织开展海洋环境保护特色主题活动，提高公众参与海洋生态文明建设意识，树立人海和谐共生的理念，弘扬海洋精神，传播海洋文化，逐渐形成了全民关心海洋、认识海洋、保护海洋的良好社会氛围。青岛强化海洋生态保护修复，深入实施蓝色海湾、生态岛礁等生态修复工程，完成白沙河、小港湾等岸线整治修复项目和大公岛、灵山岛等生态岛礁工程，推进胶州湾、灵山湾等蓝色海湾整治工程；在全国率先制定海域使用管理条例，率先全面实施"湾长制"，实施无居民海岛管理、海洋环境保护，启动海湾保护总体规划编制和胶州湾环境容量及入海污染物总量控制试点。青岛胶州湾国家级海洋公园、青岛西海岸国家级海洋公园、青岛鳌山湾省级海洋公园等海洋公园（海洋保护区）获批并开展规范化建设。

灵山湾夜景

青岛于 2017 年率先发布全国首个"湾长制"实施方案，提出和全面实施"湾长制"。截至 2019 年，青岛市 49 个海湾均已实行"湾长制"，建立起市、区（市）、镇（街道）三级湾长体系，形成了以党政领导负责制为核心的完整责任链条，确保海湾保护的效率，在海湾污染防治、生态整治、环保执法等主要方面取得了重大成效。

2019 年，青岛市入选国家"蓝色海湾整治行动"城市，构建"岸线 + 离岛"的海洋生态安全格局，对海洋生态环境进行保护和修复，逐步实现"水清、岸绿、滩净、湾美、岛丽"的海洋生态文明建设目标。项目实施以来，青岛的海域、海岸带环境质量得到明显改善。"蓝色海湾"生态修复工程的推进，对岸线的修复、保护起到了极佳效果，青岛的海洋环境治理"更上一层楼"。

为打造世界最美海湾，青岛西海岸新区在"蓝色海湾整治行动"中，坚持高标准、远谋划，坚决贯彻落实生态文明思想和海岸线保护精神。坚持陆海统筹、多规合一，加快蓝色海湾规划与城市总规、土地利用规划及相关规划的匹配衔接，进行高水平规划设计。已经编制完成海岸带及海岛保护利用规

海滨风景区小青岛

划、青岛西海岸国家级海洋公园总体规划、琅琊文化遗址保护规划等规划，遵循自然、亲海的设计理念，充分利用拆除旧址、现有生产路、天然礁石、现状砾滩实施"样板领路"施工，全面提升西海岸新区城市品质。

青岛当地的社会群体也踊跃参与，组织各种活动，参与到海洋生态保护之中。为贯彻和践行"蓝色海湾整治"的行动精神，青岛环保世纪行活动以"美丽海岸 蓝色海湾"为主题，举办多场海洋生态环保的成果巡回展，向人们展示环保成绩，激发更多社会人员参与海洋生态环境保护。环保世纪行活动为期一个月，有关政府组织、志愿者、媒体记者等广泛参与其中，构筑起全民海洋环保的社会大格局。2019年12月18日，青岛首家民办海洋生态保护组织——青岛西海岸新区蓝湾生态环境公益服务中心成立。蓝湾生态环境公益服务中心是一个从事海洋生态环保的志愿者组织，成员主体是来自几十个渔村的渔民。他们虽处平凡岗位，却愿尽绵薄之力，宣传海洋环保知识，保护渔业、海湾和海洋生物资源，用实际行动参与海洋生态保护。他们的平凡之举，吸引更多社会大众加入，为海洋生态环保凝聚更加广泛的力量。

拓展蓝色经济空间

青岛不仅是环渤海经济圈的重要组成部分，而且是山东半岛蓝色经济核心区的龙头城市，拥有丰富的海洋资源，具备发展海洋经济的优势基础。青岛海岸逶迤，拥有近海海域面积广，海岛、天然港湾众多，胶州湾、董家口、鳌山湾等是优良天然港址，国内、国际经济腹地十分广阔，具有广阔的发展和辐射空间。依赖富饶的海洋资源和孕育海洋人才的科研院所，海洋科技创新不断取得突破，蓝色经济蓬勃发展。

随着海洋强国战略、山东半岛蓝色经济区国家发展战略的深入实施，为青岛大力发展以海洋经济为主体的蓝色经济提供了坚实的保障，为青岛加快建设人海和谐的宜居青岛、创新青岛、文化青岛，不断向具有现代化特征的21世纪海洋文化国际城市迈进，创造了更加广阔的发展空间。青岛由此发挥在海洋环境、海洋科研、海洋产业等方面的优势，进一步挖掘潜力，将海洋经济空间由传统陆海二维空间拓展至深远海域的海面、海中、海底的三维蓝色空间，统筹陆海资源配置和海洋经济总体布局，推进海洋经济"走向深蓝"不断拓展蓝色发展空间，提升青岛在国家发展战略中的地位和作用。

发展深远海养殖，助力海洋渔业高质量发展。2020年8月，青岛西海岸新区的深远海绿色养殖试验项目通过了专家评估，项目所在的区域被批复为青岛国家深远海绿色养殖试验区，也是全国首个国家级深远海养殖试验区。试验区内，世界最大全潜式深远海养殖网箱"深蓝1号"养殖的十数万尾鲑鳟鱼将陆续投放市场。西海岸新区将着眼深远海高技术产业集聚区和陆海统筹体制创新，稳步扩大深远海养殖规模，配套打造深远海养殖管理中心、黄海冷水团养殖研究院、冷水鱼苗种繁育基地、加工基地、装备制造基地等完善的产业链条，为海水养殖走向深远海、三产有效融合、新兴产业培育探索出一条新路径。

2018年，习近平总书记在青岛考察时，到访青岛海洋科学与技术试点国家实验室。当时，中国工程院院士管华诗表达了自己关于打造中国"蓝色药库"的想法。总书记对此高度肯定，认为"这是我们共同的梦想"。之后，青岛市政府出台关于支持"蓝色药库"

开发计划的实施意见，设立中国蓝色药库开发基金，支持发展海洋生物医药科技和开发海洋创新药物，鼓励海洋生物医药产业发展。近两年来，"蓝色药库"项目硕果累累。2019年5月，管华诗院士团队和青岛黄海制药有限责任公司一起，创立新型海洋药物产业化公司。发掘海洋生物，升级海洋生物医药产业，是青岛经济打响"海洋攻势"的重要环节。

中国工程院院士管华诗

擦亮"会展之心"名片，助推蓝色经济发展。2018年8月，中铁·青岛世界博览城主体建设完成，其总建筑面积20万平方米，由12个矩形展馆组成。它位于青岛西海岸中央活力区，用来作为国际会展会议的举办场地，是具有举行展览、会议等功能的蓝色生态博览城，高度契合"办好一次会，搞活一座城"的重要讲话精神。2018—2020年，东亚海洋合作平台青岛论坛连续三年在中铁·青岛世界博览城召开。论坛关于海洋方面的会议成果，对于青岛海洋经济空间的拓展具有积极意义。青岛的"博览经济""会展经济"集聚海洋经济人才技术，不断拓展蓝色经济空间，对青岛建设国际海洋名城意义非凡。

中铁·青岛世界博览城

打造海洋文化胜地

青岛依山傍海，气候宜人，独特的山、海环境造就了青岛独特的城市文化，这种城市文化的本质就是海洋文化。青岛海洋文化历史悠久、源远流长，内涵丰富，独具特色。

青岛海洋文化独具的特色：既有天赋异禀的海洋自然景观，又有历史悠久的海洋人文底蕴；既有海洋文化历史传统的发扬光大，又有中外海洋文化的交流融汇。现代海洋产业、海洋科技、海洋教育、海洋经济的汇聚，可谓是兼具"古味"与"新味"，融汇"中味"与"洋味"。这里有风光旖旎的海洋自然景观，有5000年前先民们靠海为生的聚落遗址，有神奇浪漫的海洋信仰，有徐福东渡日本的传说故事，有"一港连三国"的琅琊古港，有特色鲜明的海防文化，有近代中国第一个水族馆，有见证中国帆船运动发展历史的帆船文化。如此等等，无不向世人展示着青岛这一海洋文化胜地的清晰面貌。

晴空如洗，天空下是一望无际的湛蓝海面，海风吹拂，碧波涌起，迎面而来的是阵阵海洋气息。依海而立，青岛的海洋文化由此繁衍，历史的车轮辚辚轧过，给岛城人民留下丰厚的海洋文化遗产：尽显古人智慧的农渔遗产，庄严深沉的海防遗址，曾经繁盛一时的海洋工业遗存……现代的青岛，海洋文化场馆鳞次栉比，成为海洋文化传播的重要载体。青岛国际海洋节、青岛国际帆船周等各种海洋节庆活动精彩纷呈，有效加强了人们的海洋意识。青岛的海洋文化场馆、海洋文化遗产、涉海文化节日等海洋文化资源丰富，展现了几千年海洋文化的动人之处，也折射出优秀的海洋文化传统。如此深厚的海洋文化积淀，是青岛弘扬海洋文化的不竭源泉，是青岛海洋文化产业发展的强大动力，更是青岛建设国际海洋名城的有力支撑。

雄浑厚重的海洋文化，增岛城海洋文化产业发展之后劲。海洋强国战略提出后，青岛更是深挖海洋文化资源，倾力发展滨海文化旅游、海洋文创等海洋文化产业，让古老悠久的海洋文化焕发新生机。一方面利用滨海城市的历史文化资源和地理优势，塑造各种海洋文化品牌，加大对特色海洋文化地标和符号，如青岛水族馆、中国海军博物馆、青岛贝壳博物馆、青岛奥帆博物馆及青岛海底世界的宣传推广扶持，同时积极构建海岛特色游、海洋牧场综合游、海上夜游等产品体系，打造海洋文化名城；另一方面，它利用政策引导、吸引投资等方式引来各类海洋文化项目，扩大海洋文化产业规模，实现综合发展。2018年7月，在青岛市政府的积极支持下，中国海洋发展研究会海洋文化产业分会落户岛城，成立大会上讨论了海洋文化产业的现状与未来发展的问题。海洋文化产业分会紧紧围绕建设海洋强国的战略目标，升级现有的文化产业，以青岛海洋文化产业的发展，为山东打造海洋文化强省注入动力。该分会将精诚服务于海洋文化产业，助力青岛建成文化品位高尚、文化底蕴丰厚、文化事业繁荣、文化产业发达、文化特色鲜明的现代海洋文化名城。

旅游旺季的青岛

高悬风帆
助力海洋强国

　　"涨海行舟"是沿海居民们日常生活的重要组成部分，也是沿海地区跨海实现政治、经济、文化互动交流的重要途径。山海之间的青岛，自春秋战国以来就是齐鲁大地重要的港口所在地，也是后来东方海上丝绸之路的重要起点，北宋时期更是北方唯一设置市舶司的所在地，其港口的重要地位不言而喻。在 21 世纪这个海洋的时代，青岛如一艘巨轮，正鼓足风帆，乘风破浪，向蓝色海洋梦想挺进。

海上丝绸之路的重镇

中国古代"海上丝绸之路"，是目前已发现的最古老的海上航线，包括东海航线和南海航线。其中的东海航线，又称为"东方海上丝路"，涵盖我国的山东半岛、江浙沿海地区等节点。春秋战国时期，"东方海上丝路"开辟，此后的 2000 多年里，这条古代海上丝路一直是中外海上贸易的纽带。青岛作为其中的沿线城市，具有举足轻重的地位。当今的"21 世纪海上丝绸之路"，途经青岛、上海、广州等沿海港城，青岛再次成为我国与海外进行经贸文化交流的重镇。

设立"国际客厅"广迎国际宾客，打造青岛发展的世界名片。青岛在 2019 年提出"国际客厅"建设，进一步促进国际合作平台的形成。"国际客厅"为"5+1+1"格局，"5"意为以日本、韩国、德国、以色列、上合组织国家为对象的"国际客厅"，"1"指央企"国际客厅"，另一个"1"则代表山东城市会客厅。

青岛的"国际客厅"实际是传统意义上的产业合作园区"升级版"，将新的开放理念、合作方式融合于全新合作载体中。更值得注意的是，青岛的"国际客厅"既是青岛的双向开放新名片，也是山东、中国与"一带一路"国家和地区合作的新平台。

"国际客厅"的打造，对多边及双边贸易大有裨益，促进"一带一路"沿线地带的资本、技术、人才等资源流通。"国际客厅"将是中国 - 上海合作组织地方经贸合作示范区（简称"上合示范区"）建设的稳固基石，亦是青岛这个上合示范区主体城市发展的有力推手，推动全世界的人流、物流、资金流、信息流、技术流在青岛集聚，实现更深层次的对外开放。

青岛日本客厅一号馆

中国（山东）自由贸易试验区青岛片区（简称青岛片区）的开发，和青岛"国际客厅"形成良性互动，共同推进"21 世纪海上丝绸之路"建设。2019 年 8 月，青岛片区举行挂牌仪式，标志其建设正式开始。青岛片区面积52平方公里，约占山东自贸试验区的43.3%，承担106项改革创新试点任务，占全部试点任务的94.6%。该片区由海洋特色产业发展区、国际贸易区、中外地方经济合作区等五大板块构成。作为山东自由贸易试验区中面积最大的片区，青岛具有显著优势，它三面临海，依靠优越的海洋条件，拥有先进便捷的海上运输，有利于国际贸易的拓展；它也是我国的重要外贸口岸，对外开放程度高，开放型经济发达。青岛片区将继续不断深化改革和扩大对外开放，促进国际贸易自由化便利化。未来，必将给"一带一路"建设带来更多的发展机遇。

中国（山东）自由贸易试验区青岛片区

展国际港口雄姿

绵延的海岸线造就了青岛的众多海湾，青岛像一颗明珠镶嵌在黄海之滨，依山傍海的优越地理位置使青岛自古以来就有许多优良港口，在漫长的航海时期，青岛地区一直是海上活动最为活跃的地区之一。近代以来，青岛地区地位愈发重要，

20世纪末，青岛港的第一条国际航运干线诞生。如今青岛港由青岛大港港区、黄岛油港区、前湾港区、董家口港区和威海港五大港区组成。2020年，中国航海日论坛在上海举行，论坛发布的《2020新华—波罗的海国际航运中心发展指数报告》显示，青岛位列2020年全球航运中心城市综合实力排名第15位，较2019年又提前2个位次。

加强智慧港口建设，打造国际化一流大

港。青岛港紧紧抓住 5G 技术的发展机遇，探索 5G 技术如何高效应用于港口建设。在已有的自动化码头设备基础上，青岛港把握时代脉搏，大胆创新，实现了 5G 连接的自动桥吊控制操作，这是全球首例在实际生产环境下的 5G 远程桥吊操作。相比于 4G 技术，5G 技术具有高数据速率、减少延迟等优势，它在港口基础设备方面的使用，提高了港口运行效率，也大大减少了人工成本。5G 技术和青岛港的紧密结合，是青岛港全自动化码头建设的重要环节，不仅仅是对传统港口的超越，更是智慧港口发展进程的伟大飞跃！

位于前湾港的龙门吊成功与"5G+MEC"系统进行对接

2019 年 3 月，青岛港在世界移动通信大会亮相，公开展示 5G 技术的应用成果，为世界其他地区建设智慧化港口贡献宝贵经验。2020 年，青岛港力争集装箱中转突破 400 万标箱、集装箱中转占比达到 19.3%，铁矿石国际中转量突破 260 万吨，山东地炼进口原油经青岛港输运占比突破 60%，加快建设集装箱中转、铁矿石分拨、原油区域贸易"三个中心"，增强港口辐射能力，着力推进世界一流港口建设。

董家口港口岸正式启用，青岛迈入"双港口口岸"时代。董家口港区自 2009 年正式开工建设，是青岛港持续发展的重点港区，也是青岛建设世界一流港口的重要支撑。董家口港区规划面积为 72 平方千米，码头岸线长约 35.7 千米，共规划建设 122 个泊位，规划年通过能力 5.3 亿吨，就港口规模来看，相当于再造一个"青岛港"。2020 年 6 月 11 日，国家口岸验收组完成董家口港口岸查验配套设施验收；6 月 30 日，山东海事局公布董家口港口岸正式开放水域，青岛进入国内为数不多的"双港口口岸"城市行列。早在 2015 年，40 万吨矿船"远卓海"轮成功靠泊青岛港董家口港区，这是中国放行 40 万吨大船入华后，该等级大船的国内首航。目前，董家口港大船作业数量全国第一，是 40 万吨大矿船靠泊中国的首选港、首靠港。董家口港口岸正式对外开放，有利于青岛港构建集航运、贸易、金融、运输等各要素为一体的产业链生态体系；同时，青岛港董家口港区和前湾港区实现优势互补、协同联动，吸引规模型、基地型、外向型、临港型产业快速集聚，对于青岛港向第四代大港跨越意义重大。

青岛港董家口港区原油码头

国际海洋名城建设全面起势

"兼收并蓄，博采众长"，这是海洋赋予岛城的宝贵品格。2018 年，青岛市出台《青岛市大力发展海洋经济 加快建设国际海洋名城行动方案》，确定实施"1045"行动，即加快发展 10 大海洋产业，全面提升 4 大领域发展水平，实施 5 大支撑保障工程，精准定位了青岛的全球坐标——建设国际海洋名城。此方案提出：争取到 2022 年，青岛市海洋生产总值达到 5000 亿元，占 GDP 比重超过 31%，形成 6 个产值（收入）千亿级以上的海洋产业集群。到 2028 年，基本构建起海洋创新动力强劲、市场主体活力充沛、新兴产业不断壮大的现代海洋产业体系，实现海洋大市向海洋强市的战略性转变。到 2035 年，全面建成与世界知名海洋城市媲美，特色鲜明、创新强劲、活力彰显、文化浓郁、环境优美、全面开放的国际海洋名城。

2019 年，为深入贯彻习近平总书记关于建设海洋强国的重要论述和视察山东视察青岛重要讲话、重要指示批示精神，认真落实省委、省政府印发的《山东海洋强省建设行动方案》部署，组织实施好全市新旧动能转换"海洋攻势"，抢占高质量发展战略新空间，青岛市发布《新旧动能转换"海洋攻势"作战方案（2019—2022 年）》（以下简称《方案》）。

《方案》以习近平新时代中国特色社会主义思想为指导，牢固树立新发展理念，以新旧动能转换重大工程为统领，发挥海洋特色优势，坚持高点站位，对标国际标准，突出问题导向，攻坚克难、大干快上、勇争一流，坚决打赢新旧动能转换"海洋攻势"六场硬仗，推动青岛海洋经济高质量发展率先走在前列，打造具有国际吸引力、竞争力、影响力的国际海洋名城，真正把青岛这个山东发展的龙头昂起来，为建设海洋强国、海洋强省贡献力量。

《方案》要求经过四年（2019—2022 年）攻坚，青岛的"海洋攻势"取得突破性进展，海洋产业发展量质齐升，海洋科技创新国际领先，对外开放桥头堡作用彰显，海洋港口跻身世界一流，海洋生态持续优化，海洋文化全面振兴。到 2022 年，全市海洋生产总值突破 5000 亿元，占 GDP 比重超过 31%，海洋新兴产业占海洋生产总值比重达到 16%。新旧动能转换"海洋攻势"六场硬仗即海洋产业转型跨越硬仗、海洋科技创新引领硬仗、高水平对外开放硬仗、海洋港口提质增效硬仗、海洋生态环境保护硬仗及滋养海洋文化根脉硬仗。

海洋，是青岛最鲜明的特色，更是未来发展的最大力量。"国际客厅"的建设，集聚全球优质资源要素在青岛共生耦合，让青岛在更高水平、更宽领域、更深层次的对外开放征程上不断提速；青岛港的发展，让依港而立的青岛加速陆海联动、港产城融合，加快打造中国北方国际航运中心；海洋科技

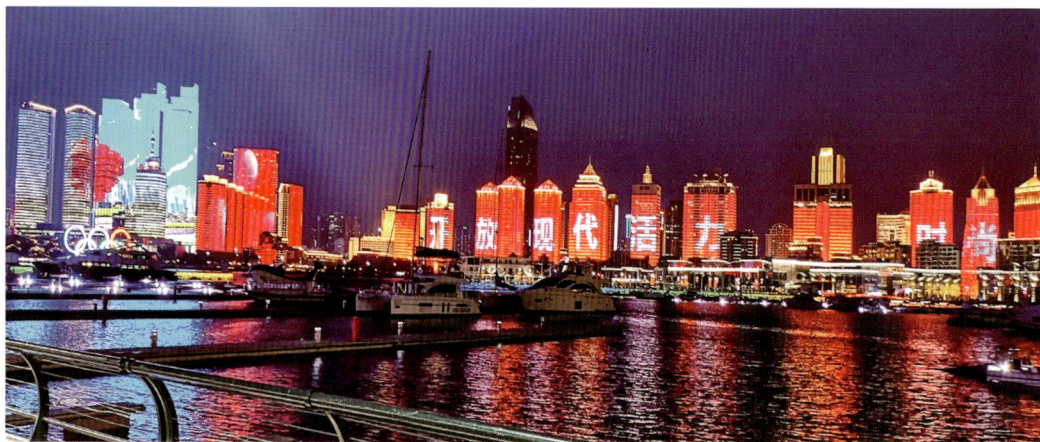

青岛海天中心——展示青岛开放、现代、活力、时尚的都市形象新窗口

的进步，夯实了青岛建设具有国际影响力的海洋科技创新策源地的基础和支撑，为青岛新旧动能转换和产业升级转型注入绵延不断的原动力；海洋文化建设和海洋生态文明建设同步发力，助力公众树牢海洋意识和正确的海洋观，传承了青岛的"蓝色基因"，擦亮了青岛的"蔚蓝底色"。

好风凭借力，扬帆正当时。青岛，作为山东半岛的龙头城市、黄渤海区域的海上门户，是国家北部海洋经济圈最具发展优势和潜力的沿海城市。21世纪以来，随着"一带一路"倡议、海洋强国战略、海上山东战略的推进，青岛着力打造半岛蓝色经济区，蓝色科技、蓝色经济、海洋生态文明建设、海洋文化名城建设、海洋教育等都扎实推进，取得了可喜的成绩。

迈进新时代，青岛，这座蓝色之城、希望之城、创新之城正展示着蓬勃的朝气并以昂扬的姿态拥抱蓝色浪潮。青岛将依托海洋科研、产业和区位等优势，推进国际海洋名城建设，争创全球海洋中心城市，进一步完善北部海洋经济圈布局，与以上海为核心的东部经济圈、深圳为核心的南部经济圈协同发展，共同打造国家海洋经济增长极，提高国家在国际海洋领域的话语权，服务国家海洋强国战略。青岛已高扬经略海洋的风帆，吹响了海洋攻势的号角，一座创新引领、生机勃发的青春之岛正在加速崛起，一场气势恢宏的蓝色协奏曲正响彻齐鲁大地，传遍华夏，闻名世界。

图书在版编目（C I P）数据

中国海洋名城 . 青岛 / 朱雄，丁剑玲主编 . —青岛：
中国海洋大学出版社，2020.11（2025.8 重印）
ISBN 978-7-5670-2664-3

Ⅰ . ①中… Ⅱ . ①朱… ②丁… Ⅲ . ①青岛—概况

Ⅳ . ① K925.23

中国版本图书馆 CIP 数据核字 (2020) 第 234288 号

中国海洋名城——青岛 ZHONGGUO HAIYANG MINGCHENG—QINGDAO

出版发行	中国海洋大学出版社有限公司	网　　址	http://pub.ouc.edu.cn
社　　址	青岛市香港东路23号	订购电话	0532－82032573（传真）
出 版 人	杨立敏	邮政编码	266071
责任编辑	付绍瑜	电子信箱	184385208@qq.com
装帧设计	王谦妮　陈龙	电　　话	0532－85902533
印　　制	青岛海蓝印刷有限责任公司	成品尺寸	185 mm × 225 mm
版　　次	2020年12月第1版	印　　张	10.5
印　　次	2025年8月第2次印刷	印　　数	3001～5000
字　　数	152千	定　　价	49.00元

发现印装质量问题，请致电0532-88785354，由印刷厂负责调换。